ブックレット《アジアを学ぼう》39

和田理寛

民族共存の制度化へ、[illegible]語の挑戦

タイとビルマにおける平地民モンの言語教[illegible]仏教僧

風響社

地図　モン集住地域とその周辺（タイ国内は県名、ビルマ国モン州内は郡名）

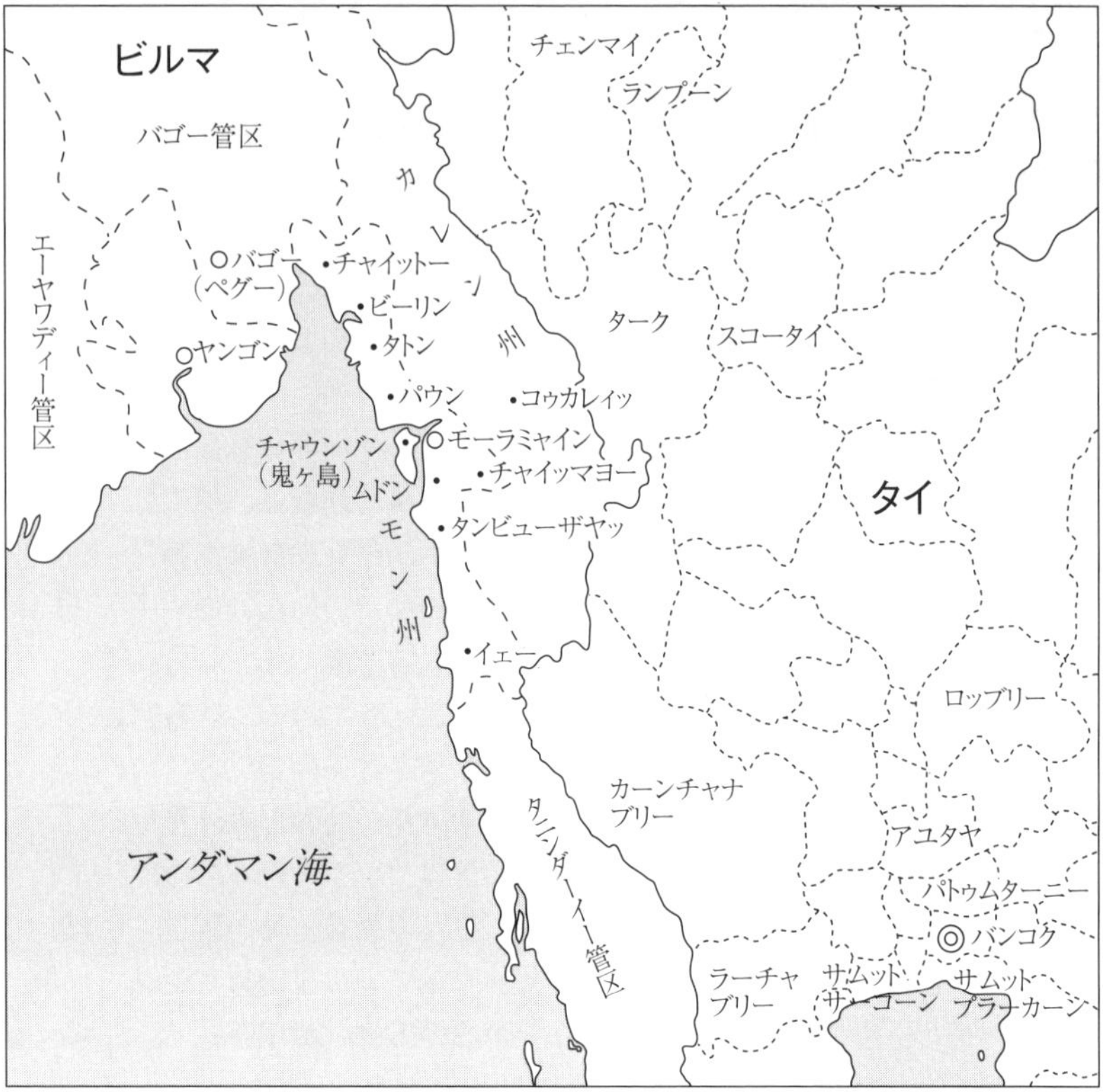

地図（上）
―――― 国境
- - - - - 管区境・州境（ビルマ）
‐‐‐‐‐‐‐‐‐ 県境（タイ）
地図（右）
‐‐‐‐‐‐‐‐‐ 国境
黒塗箇所：モン州

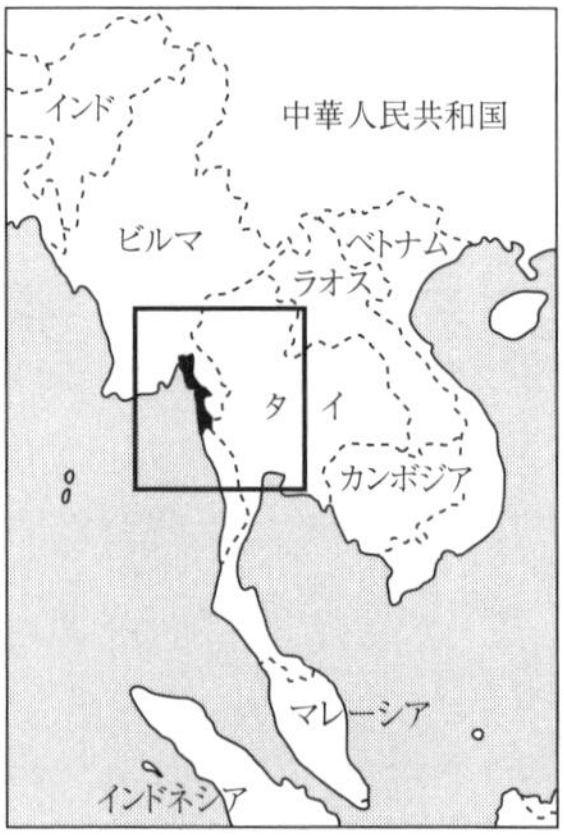

民族共存の制度化へ、少数言語の挑戦
――タイとビルマにおける平地民モンの言語教育運動と仏教僧

和田理寛

はじめに

午前一一時、ポクポクと木魚のような音が僧院に響く。食堂の前には中をくりぬいた丸太が吊り下げられている。これを木槌で勢い良く叩いて僧に食事の時間を告げるのは、寺弟子と呼ばれる少年たちの仕事である。下ビルマの少数民族モン（MON、後述）の村に佇むこの僧院には、滝のようなスコールが雨季の到来を告げる五月、一〇～一二歳ほどの寺弟子が七人寝泊りしていた。このうち四人は、今の夏休みが終わっても学校には通わず、仏教僧の世話をしながら、住職に勉学を教わるのだという。[1]その学習内容には、母語であるモン語の読み書きも含まれている。タイ国の各地モン村ではすでに昔話となった寺弟子への母語読み書き教育の慣習がここには細々ながら続いている。

東南アジア大陸部のタイ、ビルマ、[2]カンボジア、ラオス、西南中国の一部国境地域、そして南アジアのスリランカなどに伝わる仏教は上座部仏教あるいは上座仏教と呼ばれる。かつて、平野や盆地を中心に広がる上座部仏教徒の村々では仏教僧院が伝統的に教育機関の役割を果たしてきた。なかでも、近代以前、僧院教育によって高い識字率を誇ったとして有名なのが、ビルマである。例えば、一八九一年国勢調査によれば、まだ英領化されて間もない上ビルマ（ビルマ北部）において、二五歳以上の男性のうち六〇％以上に識字能力があったという。一方、寺弟子となることや、正式に出家することが基本的に認められてこなかった女性の識字率は、わずか一・五％であった［Lieberman 2003: 189］。

その後、近代の到来と共に、教育の場は僧院から学校へと移行した。ビルマには寺弟子制度も一部に残るが、今では公教育の方が規模も影響力もずっと大きい。教育の目的もまた、宗教を教え伝えることから、近代国家に必要な市民育成へと変わった。そして、国民統合や画一的な教育制度のため、共通の公用語（法的あるいは事実上）が公教育で使われるようになった。他方、少数言語話者にとっては、公用語への同化か、学習負担を増やして自言語教育を行うかという、どちらにしても不利な選択を迫られることになった。なお、話者自身にこの選択権が与えられているとは限らない。

こうした教育における少数言語の問題について、私たちはどのように考えれば良いのだろうか。少数言語の存続は、教育などにおいて制度化し、守られて然るべきなのか。それとも、同じ国民として生きることを優先させ、そのためには同化や少数言語の消滅も仕方がないと受け止めるべきなのか。これは大変難しい問題であり、個々の文脈を踏まえないまま、簡単に結論することは出来ない。当面は、各国、各言語の実態を把握することも必要である。そのなかで、多言語主義を採らない国であれば、少数言語話者自身の言語教育運動に注目することも一定の意義はあるだろう。

東南アジアの上座部仏教大国であるタイとビルマは、私的な領域での少数言語使用まで禁止しようという極端な同化政策こそ採らないが、公的な場では公用語に威信を集中させて自主的な同化を促そうという傾向が強い国である。本書は、この二国において、こうした同化の影響を最も受けやすい少数民族の一つ、モンの言語教育運動の例を取り上げたい。

モンは、タイに九万人程、ビルマに八二万人以上が暮らしている。(3) 片仮名表記が同じことから、中国南部、タイ、ラオス、ベトナムの山地に暮らすモン（ＨＭＯＮＧ／フモング／ミャオ）と時々混同されるが、両者は全く別の民族なので注意して欲しい。本書で扱うのは、モン（M. မန်）を自称し、英語ではＭＯＮと表記される人たちである。(4) パーリ語（上座部仏教の聖典語）では自らをラーマンニャ（P. Rāmañña）と呼び、タイではこれに由来するラーマンを自他称として用いることもある。また、かつてのビルマではタライン（B. တလိုင်း）という他称もあった。モンの人々が話すモン語は、カンボジア語のいわば親戚に当たり、現在の居住国であるタイ語ともビルマ語とも異なる系統の言語である。

異なる言語を話すのに、なぜ彼らは同化しやすいのだろうか。モンは伝統的に水田稲作を行う平地民であり、また上座部仏教徒という点で、タイやビルマと共通点が多い。顔形や肌の色など目立った外見上の違いもない。さらに、モンはかつて王権や文明を築いた人々として知られており、山地民などが被ってきた未開人という蔑視とも無縁である。ところで、タイ語やビルマ語と同じように、公教育が始まる以前は、仏教僧院がモン語の読み書きを伝える伝統的な教育機関であった。そのため、モン語教育運動を考える際には、世俗の教育と共に、出家者のモン語教育、つまり、仏教学習（教学）におけるモン語の使用についても併せて考える必要がある。

この二つの教育においてモン語の使用は制度化されているのだろうか。タイ国では、これまで公教育で教授用語（教室で使われる言語）として少数言語を使用して来なかった。近年になって部分的に公教育での少数言語教育が始まったものの、モン語教育については課題も多い（第二節参照）。また出家界ではモン語の教学試験制度が廃止されている（第四節参照）。タイ国の事例は、同化に近いモンの場合、制度化がその言語の存続にとっていかに重要かを物語っている。

一方、ビルマ国では、国の政策としてはタイと同じように積極的な多言語主義を採らないにも関わらず、世俗界と出家界の双方にて、一部でモン語が制度化されてきた（それぞれ第三節、五節参照）。これらには、モン自身の自助努力としての制度もあれば、国の制度もある。どちらも、ビルマ国家とモン語教育運動との間の妥協策として進展しており、結果として、多言語主義なきところに公用語とモン語の二言語教育制度が実現している。ビルマの少数言語教育の全貌はまだ分かっていないが、モン語が他の少数言語に先行する形で共存志向の制度化に成功してきたことは間違いない。

なぜビルマのモン語教育は制度化に成功したのか。その理由の一つは、矛盾するようだが、同化しやすい原因と重なる。モンの仏教僧はかねてから共通の書き言葉を伝えてきた。また、移動の容易な平地住まいという面もおそらく影響して、その話し言葉も比較的均質で地域や国を跨いでも基本的な会話が可能である。これは、他の少数民族が、互いに意思疎通の出来ない多くの話し言葉を内部に抱えたり、複数の文字体系を有したりするのに比べて、自分たちの言語教育をまとめていくために有利である。(5) つまり、モンは状況次第でタイのように優勢言語に同化するか、あるいはビルマのように自分たちの民族言語を発展させるか、その両極端のどちらかに振れやすい事例である。加えて、居住分布の違い、つまり、タイ国のモン集落は各地広域に点在する一方、ビルマ国のモンは、より多くの人口を擁し、その集落はゆるやかに連続して一つの地域的まとまりを形成している点で、条件が有利であることも指摘しておく必要があるだろう。

もちろん、タイとビルマでは背景となる社会事情が大きく異なる。第一に、タイでは産業化や学歴社会化が進み、タイ化の意義がビルマ国でのビルマ化よりも大きい点で、同化の誘因力に差がある。第二に、ビルマは民族の固定化に寄与した植民地時代を経験し、また、独立後は多くの少数民族が互いに影響し合い相乗効果を生みながら様々な民族運動を展開してきた。タイにはこうした燃えるような少数民族運動はあまり見られない。

近代的な民族感覚やそれに基づく少数民族の運動は、間違いなくビルマの方が「進んで」いる。例えば、多数派への同化はなぜ生じるのか、それに抗するためにはどうすべきか、「我々」自身の手で将来を決めるとはどういうことか、なぜ「我々」にとって民族の歴史は重要なのか、そもそも「我々」とは誰と誰であるべきか、こうした感覚が醸成されている。一方、タイでは、国策としても社会的な雰囲気としても、少数民族が伝統や私的な領域から近代へと脱皮することへの抑制が、ある程度機能しているような印象を受ける。二国それぞれにおいて、制度化と同化の両極端に向かうモン語教育は、こうした民族の近代化をめぐる、ビルマの先進性と、タイでの遅れを対照的に映し出す好例でもある。

さて、モンと聞いて身を乗り出した人は、タイやビルマの歴史に触れたことがある人だろう。モンは、日本での一般的な知名度は低いかも知れない。しかし、両国の歴史に欠かせない存在として、現地社会はもちろん、この地域を研究する外国人の間でその名を知らぬ者はいない。一方、その古い歴史に注目が集まるなかで、文化面はあまり関心を呼んで来なかったという偏りもある。また、現在は伝統面に留まらず、組織的な民族運動が民族の在り方や将来を左右しかねない影響力を持っている。もちろん言語教育もそうした民族運動の一つである。

本書は、こうしたモン民族について、その大まかな像が掴める簡単な紹介本としての役割も果したいと思う。そのため、本題である言語教育と民族僧伽について述べる前に、続く第一節で、まずは、モンの歴史、文化、民族運動について、さらに、背景として重要なタイとビルマの民族政策について、概観するところから始めたい。

一　モンはどんな民族か――歴史、文化、民族運動、そして居住国の民族政策

1　歴史――散りばめられたモンの痕跡

モンは、東南アジア大陸部において、比較的古くから文明や王国を築き、その後、政治、文化、人口的に優勢となったタイやビルマと相互に影響を与え合いながら、共存または競合してきた人々と考えられている。タイとビルマの歴史や伝説のなかにもしばしば登場し、今でもあちこちにその痕跡を散りばめている。一部であるが例を挙げてみよう。

タイ国の歴史は、当然、今の主流民族であるタイ系王朝に始まると思うかも知れないが、そうではない。タイを南北に走るチャオプラヤー川流域平野、そして東北タイからは、六世紀末～八世紀頃とされる古いモン語碑文が見つかっている。この時代のモン語を用いる国家ないし国家群は、ドヴァーラヴァティーと呼ばれている。

タイ系民族の勢力が、中国雲南から、ビルマのシャン州、現在のタイにかけて、各地に国家を築き存在感を増していくのは、これより後のおよそ一三世紀である。このうち、チャオプラヤー川流域の平野部に興ったスコータイ朝で作られた刻文（一二九二年作）が、現在、最古のタイ語史料である。モン語碑文より、少なくとも五〇〇年も後のことである。また、北タイには、チャーマデーヴィー女王に始まるハリプンジャヤというモンの王国があったとされている。後世になって、タイ系のマンラーイ王がこれを攻略し、一二九六年、チェンマイにラーンナー王朝を築いたという話が伝わっている。このようにモンは先住の文明人として知られてきた。なお、これら先住のモンの痕跡は、この後、途絶えるため、チャオプラヤー川流域のモン語話者は、タイ系住民へ同化したのではないかと考えられている。

少し時代が下ると、一六世紀から一九世紀初頭にかけて、テナセリム山脈を西から東へ越える断続的なモンの移民が見られる。テナセリム山脈は、現在のタイとビルマの国境と重なるようにして南北に横たわる山脈である。当時、政体間での人力獲得が政治的に重要であったと言われるように、タイ王朝により戦争捕虜としてテナセリム山脈の西側から連れてこられたモンもいる。しかし、移民の多くは、ビルマ王朝影響下での戦禍や圧政から逃れたり、ビルマ王朝に対して起こした叛乱が失敗に終わったため逃げて来たり、といった、今で言うところの自発的な「難民」であったとされている。タイの王朝は、これらの移民を歓迎し、しばしば首都近郊に居住地や農地を与えてきた。現在、タイに残るモン集落は、こうした難民や移住者の末裔と言われている。

こうした西からの移民や難民のなかにはモンの地方有力者が含まれており、タイ側への移住によって古参のモンとの間で権力争いが生じることもあった。トンブリー朝期（一七六七〜八二年）には、アユタヤ末期のモン移住者の一族（マプとその息子マドット）が、タークシン王の下でモン兵の指揮官を務めていた。そこへ、一七七四／七五年、ビルマ王朝への叛乱失敗を期にプラヤー・チェング（モン語で象の意味）が私兵を引き連れタイ側に逃れて来る。そして、王宮近くに居住地を与えられると、この古参モンと新参モンの両者は運河（今でも「モン運河」と呼ばれる）を挟み、向かい合うようにして住むことになった。その後、一七八二年、タークシン王の臣下であったチャオプラヤー・チャックリーが同王を処刑し、自らラーマ一世として王位に就いて、ラタナコーシン朝（～現在）を創始する。この混乱期、マドットはタークシンに、チェングは勝者のチャックリー側についていたため、その後はチェングが有力となった。チェングは、その後、タイ王朝の対ビルマ戦に貢献し、後にチャオプラヤーという最高位の官等を受けている［Van Roy 2010］。現在、タイ国のモンの名家といえば、まず、このチェングの子孫であるコッチャセーニー家を指す。当家からは、ラーマ四世の側室、および、その子孫の王族を輩出している。第一三代の僧伽王（在位一九四五～五九年、僧伽王については第四節を参照）も当家に母を持つ。また、サムットプラーカーン県プラプラデーング郡では、同郡がかつて地方国（ムアング）や県であった一八一五年から一九二四年の間、当家の者が歴代国主や知事を務めてきた。二〇世紀後半に、タイ国にてモン文化運動を先導したスエット医師も当家出身である（本節3の民族運動を参照）。

タイでは、今もモンの痕跡を目にすることがある。例えば、外国人観光客の集まるバンコクのカオサン通りを歩いた者なら、通りの西端がちょうど車道に突き当たるその向こう側に、歓楽街の喧騒と対照をなす異質な空間があることを思い出せるだろうか。そこにひっそりと建つのは、かつてのモンの名刹チャナソングクラーム寺（戦勝寺）である。また、教育省が発行したタイの学校で使われている小学五年生と中学一年生用の文学の教科書には、モン王朝史である『ラージャーディラート』（Rājādhirāj / T. ราชาธิราช / B. M. ရာဇာဓိရာဇ်）の一部が教材として採用されている[6]。他にも、二〇〇七年から二〇一五年までに公開された、タイ愛国心の鼓舞とも評される歴史大作映画『ナレースワン大王』（六部作）の第二部では、ビルマ王子の策略を裏切ってナレースワン王に協力したモン人二人や、同王の師僧であるモン僧テーラカンチョング師が描かれている（第一～二部は、日本語字幕付のＤＶＤが『ＴＨＥ　ＫＩＮＧ』として販売されている）。

さて、今度は西隣のビルマに移ろう。この国の最大都市ヤンゴンには、市街地にシュエダゴン仏塔が昼夜燦然と輝く。この大仏塔は当国仏教徒にとって最も大切な聖地の一つであるが、モンの商人がインドから持ち帰ったゴータマ仏陀の聖髪八本が祀られると信じられている。また、現在この国の公用語はビルマ語であるが（二〇〇八年憲法第四五〇条）、それを表記する文字は、一二世紀以前、インド系文字に由来するモン文字を参考にして作られたと考えられている。現在でもビルマ文字とモン文字はよく似ており、子音字はモン文字が二字多いだけで残りはほとんど同じである。ただし、同じ文字でも、読むときの発音はそれぞれの言語で異なる。

ビルマ民族による最初の統一王朝は、一一世紀中葉に始まる上ビルマのパガン朝（ビルマ語ではバガン）である。今も林立する数千の仏塔や寺院が壮大な風景を形作っており、世界三大仏教遺跡の一つに数えられている。このパガンで一一一二年または一一一三年に刻まれたラージャクマール（ミャゼーディ）碑文が、現存する最も古いビルマ語の史料である。この碑文の四面にはそれぞれ、ビルマ語、ピュー語、上座部仏教聖典に用いられるパーリ語、そして、モン語という異なる言語が書かれている。ピューは、エーヤワディー川流域で最も早くから文明を残したが（一世紀～九世紀頃）、この碑文を最後に歴史から姿を消してしまった。一方、この碑文が作られた当時のパガン朝では、ビルマの王朝にも関わらず、公式文書を記す言語として、一時的ではあるがビルマ語よりもモン語が用いられていた。また、後世の史料という点では伝説の域を出ないが、一〇五七年、パガン朝初代王アノーラターが下ビルマのタトンにあったモンの王都を攻略し、多くの仏教僧やパーリ三蔵聖典をパガンにもたらしたという話もよく知られている。[7]

一三世紀末にパガンが崩壊すると、内陸の上ビルマではタイ（Tai）系勢力が力を拡大し、一方、沿岸部の下ビルマではモンの王国が黄金期を迎える。この時代のモンの王としては、戦に長けたラージャーディラート、女王のパニャー・ターオ（または、モン語でミチャオプ、ビルマ語でシンソーブ）、僧から王になったダンマチェーディーの三者が有名である。なかでも、ダンマチェーディー王は、スリランカから戻った師僧たちの下、王国中の出家者を再出家させ、その仏教浄化の功績を碑文に刻んでいる（一四七九年作のカルヤーニ碑文）。これは、世俗の王による仏教浄化の記念碑的事業として後世まで広く知られている。この黄金期に王都が置かれていたのが、ハンサヴァティー、つまり、現在のペグー（B・

バゴー）である。国名にあるハンサとは、インド起源の想像上の鳥のことであり、モン語ではボップ（ဗ္ၚ）と呼ばれる。現在、ハンサは、民族運動のなかでモンの象徴としてもしばしば用いられる。(8)

一六世紀以降はビルマの諸王朝がエーヤワディー川流域を支配した。モンのハンサヴァティー朝も一六世紀に滅ぼされ、その後、安定したモンの統一王朝が興ることはなかった。ただし、一八世紀半ば、多くのモン系住民も参加したと言われるペグーの叛乱がビルマの復興タウングー朝を滅亡に至らしめ、ペグーに一時的ながら新たな王朝を築いたことがある。しかし、まもなく上ビルマにアラウンパヤーが出てビルマの勢力を統一し、新しくコンバウン朝を創始するとともに、ペグーなど下ビルマを攻略して支配下に置いた。この動乱期から、モーラミャイン北端にあるサルウィン川河口以南の縦に細長く延びた沿海部が英領化された一八二六年までの間、タイ側に多くのモン難民が流出している。このときの対立の構図は、見方によって、ビルマ対モンの民族紛争だったとも、そうでなかったとも言われる。(9)

また、コンバウン朝期の王の勅命（一八三一年）によって編まれた仏教史『教法荘厳文書』のなかには、モン国（ラーマンニャ）とチェンマイ（ヨーナカ）における仏教の伝来が、ビルマでのそれとは別にまとめられている［池田二〇〇七］。このように、ビルマの仏教史においても、モン仏教は独自の系譜を持つものとして認識されている。

この後、ビルマ王朝は三度の英国との戦争を経て、一八八六年に全土が英領植民地となる。そして、第二次世界大戦中の日本占領期を挟み、一九四八年に英国から独立する。この独立時、民族の名を冠した行政区画として、シャン、カレンニー（カヤー）、カチンの三州と一つのチン特別管区が設けられている。一九五二年には、その前年の憲法改正に基づいてカレン州も創設される。一方、モン州および西端のヤカイン州はやや遅れ、一九七四年憲法制定時に新設されることになった。この州設立をもってモンは、事実上、ビルマ八大民族の一つとして認知され今日に至る。

こうした歴史に登場するモンについては、少なくともその名前はよく知られている。しかし、モンの文化に関しては、家霊信仰など未だによく分かっていないものもある。続いては、こうしたモンの宗教や文化について紹介したい。

2　モンの宗教と文化――仏教の静けさ、憑依儀礼の荒々しさ

「仏法僧!」（チャイッキ・トー・サング တြိစ်ဒေသၚ်）。これは、モンの年配者が驚いたときによく使う、「あれまぁ」といった意味の間投詞である。何気ない言葉のなかにも、仏教に救いを求める心が表れている。

モンの人々は一般的に敬虔な仏教徒である。タイには統計がないが、ビルマの一九八三年国勢調査では、モン人口の九九％以上が仏教徒として数えられている。モン村落には必ず仏教僧院が建ち、全ての男子が出家を経験する。多くは数日から数年の一時出家を経て還俗し再び在家生活に戻るが、一部の者は生涯僧籍に留まり村の仏教を牽引する。在家者は、中高年女性が中心となって毎朝道脇に立ち、僧院の外を裸足で托鉢に回る仏教僧に白飯などを献じる。僧院で出家者の昼食を用意するための当番制を設けている集落もある。また、満月と新月の布薩日には、敬虔な男女在家者が僧院を訪れて僧から五戒や八戒を受け、禁酒や不殺生などの戒を守る。中高年のなかには雨安居の期間（およそ七月から一〇月の三か月間）、布薩日の度に僧院に泊まって合同の誦経に勤《いそ》しむ者もいる。タイ国サムットサーコーン県の七本村のように、在家者が、月に四回、年間を通して僧院に宿泊するような誦経実践に熱心な村もある。[10] これら基本的な部分は、その他の上座部仏教徒と大きく変わらない。

また、年中儀礼も、その主要なものはタイやビルマの人々と共通している。四月には水かけ祭があり、およそ一〇月には出安居の祭が各村で盛大に催され、その後にはカティナ衣奉納祭が待っている。バラモン儀礼である水かけ祭を含め、いずれの行事も仏教僧院を主な開催場所とし、僧の参加が見られる。ただ、細かな点はタイやビルマ、あるいはモン村同士の間でも異なる。モンは水かけ祭をアタハ（ဒၟတး）と呼ぶ。サムットサーコーン県では「僧の水浴び」（ハルッブ・サング ဗိုပ်သၚ်）があり、外に樋が何本も伸びた部屋が屋外に用意され、チョーの掛け声で在家者が一斉に水を流すと、部屋の中の僧の全身に水がドシャッとかかる。炊いた米に冷水をかけた「水飯」を僧に献じたり、在家者間

で食べたりする習慣も一部地域に残る。また、かつては直径一〇センチ程の丸い扁平形をしたモダマの種子を向かい合わせの男女が投げ合う「モダマ遊び」（M. ဝေၚ်ဒၟုံ /T. เล่นสะบ้า）があり、タイ国のモン村では、娘との出会いを目当てに近隣村から青年がやってきたという。モダマの種子を使った遊戯は東南アジアで広く見られるらしい。

これら仏教実践や年中行事に対して、モンの祖霊信仰は独特であり、タイ人やビルマ人には見られないものである。この祖霊は、モンの間で「家霊」（カロック・ホイ ကလောန်ၜိုဲ）と呼ばれている。「パノック」（おじいさん）と呼ばれることもあり、一族の始祖として認識されているようである。

家霊は、同じ一族（父系出自集団）の所属を示す目印である。同じ一族であることを「同一霊」（モア・カロック ၜိုတ်ကလောန်）とも呼ぶ。普段、家霊は、一族男性それぞれの自宅の第一柱に祀られている。家霊は父系継承であり、嫁は婚出先の家霊一族に編入される。そのため、モンの女性がタイ人男性と結婚した場合、その家にモンの家霊が祀られることはない。

一族は、一人の族長（トム・カロック ဓိုၚ်ကလောန်＝霊の源、根本）が代表し、族長の家には家霊用の上着や腰巻、指輪などが大切に保管されている。族長が亡くなると、これら家霊用の一式とともに、父系の一人が新たな族長を引き継ぐ。一族の成員が大きすぎる場合などは、家霊用の衣服を新調し、男性兄弟それぞれが新たな族長となって、複数の一族に分かれることもある。また、タイ国のパトゥムターニー県サーラーデーングヌア村のように、多くが家霊を捨ててしまった地域もある。

また、家霊には、亀霊、鶏霊、蛇霊、ウナギ霊、もち米霊など幾つかの種類があり、それぞれ、一族成員の守る決まり事が異なっている。例えば、亀霊一族は、外で亀を見つけたら捕まえ殺して家霊に献じなければならない。蛇霊一族は蛇に噛まれず、また、子供が生まれると、どこからともなく蛇が現れると言う。筆者は七本村の食堂で鶏肉料理の注文を断られてしまったことがある。店主がモンの鶏霊なので一族以外に鶏を提供することができないそうである。

写真１　タイ国モン村の霊踊りの儀礼、後ろにはモン楽器の半月銅鑼が見える

家霊のいるモンの家には幾つもの決まり事があるので、訪問者も気をつけなければならない。よく言われるのが、一族以外の妊婦が寝転がったり、柱に寄りかかって座ったりしてはならないというものである。また、人形で遊んではいけないと言う話もよく聞く。こうした決まり事を破ると、一族成員の誰かが不幸に見舞われることがある。その場合、家霊を慰撫するために、霊踊り（レイヒ・カロック　လှေ်ကလေ်）を行わなければならない（写真1）。この儀礼は、天幕踊り（レイヒ・カナー、ユー・カナー　ယှုကၞာ）とも呼ばれる。また、単に願かけのお礼として催されることもある。

この霊踊りは、その日のためだけに、小屋ほどの大きさの天幕が、竹で構造を組んで建てられる。天幕の出入口は必ず西を向いており、外の広場にはフトモモの木で作った儀礼用の木が一本立っている。多くの果物や菓子などの供物も用意され、当日は、司祭者（トーング　ဒေါၚ်）と楽団が会場に呼ばれる。費用は全て含めて、タイなら三〜五万バーツ（九〜一五万円）、ビルマの某村ではおよそ一〇万チャット（一万円）と聞いている。大きな出費である。(11)

当日、霊踊りは、朝から夕方まで一日がかりで行われる。一族のための行事であり、遠方に住む者も含め、基本的にその成員が皆集められる。一方、近所の人も多く見物にやってくる。地域差もあるが、七本村の場合、午前中は、一族の成員が順々に呼ばれ、一人から数人ずつ、刀や竹の棒、葉の束を順にもち左右に揺すって踊りながら、天幕西側の木を周っては戻ることを繰り返す。また、水浴びをしたり、僧の托鉢を模倣したり、天秤棒を担いだり、猫になって魚をくわえたり、様々な儀礼次第がある。この踊りの最中、一族の者や参加した霊媒に、家霊や村の守護霊などが憑依することも多い。憑依すると身体が小刻みに震え、虚空を睨み、伸ばした両足を揃えて上下にぴょんぴょんと飛び跳ね回る。楽団の音楽が早くなると動きはますます激しくなり、周りの観客も楽しそうに囃し立て、酒や煙草を指し出す。目を閉じて暴れ回ることもあり、そのときは司祭者から憑依を解いてもらわなければならない。既に亡くなった近親者が憑依し、残された者たちが束の間の再会に涙することもある。午後になると、闘鶏や象狩りといった幕があり、より娯楽的側面が強い。ビルマ側の某モン村では、正午あたりに、インド人の踊りやカレン人の踊りがある。

ところで、モンの家霊信仰については外部者に伝えたがらない地域もあるため、話を聞くのは簡単ではない。筆者の経験では、憑依されるのが怖いからとか、一族以外には口外できないからといった理由で正面切って断る人はまだ親切なほうで、今忙しいと言われ続けたり、質問に沈黙が返ってきたり、願掛けのお礼のため霊踊りを行うと親しい人から教えてもらったにも関わらず後で他の人から異なる理由を聞かされたりと、一筋縄ではいかないという印象である。

この家霊信仰以外にも、モンの宗教世界には独特な要素が多数見られる。箇条書き程度に挙げてみよう。ペジュなどと呼ばれる村の守護霊と専用の霊媒。普段、病気や探し物のときに相談する霊媒占い師。旅行、自宅の建設、農作業、髪や爪を切るときといった様々な活動について行うべき曜日や方角などを記した文献『ローカシッディ』。遺体の扱い方について細かく定めた文献『ローカサムッティ』。幼児の髪落とし、結婚式、出家式などの通過儀礼における在家執行者の役割。箕霊、猿霊、筌霊、杵霊などの憑依遊び、などなど。

モンの宗教生活や文化に関する研究は、モン研究の父と呼ばれるハリデイが著した民族誌が代表的である[12]（初版一九一七年）[Halliday 2000a (1917)]。それから既に一世紀が経とうとしているが、ハリデイを超えるモンの民族誌はない。筆者は、聞き取りの難しさから家霊信仰の調査を途中で断念してしまったが、まだ十分明らかになっていない細部や実態も多く、今後、モン語を駆使したモンの宗教・文化に関する現地調査への挑戦者が現れることに期待したい。

写真２　新モン国党の女性兵士

３　民族運動

ビルマには数多くの少数民族団体が文化復興や政治的な要求を掲げて活動している。なかでも有名なのがカレンの運動である。クリスチャンを指導者層として一八八一年に設立されたカレン民族協会（ＫＮＡ）は、当国初の政治団体とされる。戦後、一九四七年には、カレン民族同盟（ＫＮＵ）が発足するものの、その自治要求を英国から相手にされず、さらに、ビルマ独立後に政権を担うことになるパサパラ（反ファシスト人民自由連盟）との関係が悪化して、現在まで続く武装闘争への道のりを歩み始める。

モン最初の民族団体は、カレンより半世紀以上遅れた、一九三九年設立の全ラーマンニャモン協会（ＡＲＭＡ）である。当協会は、非政治的な文化団体であったが、第二次世界大戦後のモン民族運動指導者の多くが所属していた。

戦後はモンの民族団体が複数起ち上がる。一九四八年からは自治獲得のための軍事組織も存在したが、一九五八年に政府との交渉を経て、武装解除に応じる勢力と、応じない勢力とに二分する。このとき後者のナーイ・シュエジン（生没一九一三年～二〇〇三年）によって設立され、現在まで武装闘争を続けているのが、新モン国党（ＮＭＳＰ）である。

新モン国党は、一九九五年からビルマ政府と停戦協定を結び、兵力はわずかであるものの、民族活動の主体として今なお有力な組織である（写真２）。ただし、モンの文化団体や政治団体は他にも数多くあり、それらは統一がとれているわけでも、全てが協力関係にあるわけでも、また全てが反目し合っているわけでもない。なかには個々の団体を超えて広がる運動もあり、ナショナルデーと民族衣装は特に重要である。

モン・ナショナルデーは、サマラとウィマラの兄弟によるハンサヴァティー建国神話に基づいて、その建国日（陰暦に催される。陽暦では、毎年、およそ一月末から二月のいずれかの日に当たる。この行事は、一九四八年に始まり、現在は、各地で様々な団体がそれぞれに主催しており各地各様である。例えば、新モン国党の実効支配地域では、当日、モン軍の行進が披露される。ヤンゴンでは、近年は屋内での小規模開催しか許されてこなかったが、二〇一二年からは屋外開催が可能になり、今はシュエダゴン仏塔に隣接する人民公園に大きな舞台を設け、歌や劇などで毎年多くの観客を集めている（写真2）。ヤンゴン市のナショナルデー運営委員会は、当市のモン文化団体（文芸文化委員会）の成員が中心である。また、地方では、村落部でのナショナルデー開催や、各郡を代表する開催もある。さらに、一九九六年からは、全ての地域を代表する、中央モン・ナショナルデーが開催されている。これは二年目のみモーラミャインでの開催に許可が下りず、新モン国党の実効支配地域で行ったが、それ以外は、新モン国党とは別の活動として、毎年、各地域持ち回りで開催している。さらに、難民や難民申請者、あるいは学生や労働者として世界各国に居住するモンの間でも、モン・ナショナルデーは催されている。これら海外の場合は休日を利用した土日開催が多い。日本でも、およそ一〇〇人から二〇〇人が集まって毎年屋内で開催されている。

写真3　ビルマのモン・ナショナルデー舞台とモン民族衣装、背景画面にはハンサ鳥

なお、新モン国党主催のナショナルデーには、赤地に青星へ向かって飛ぶハンサを描いた党旗が用いられるが、中央ナショナルデーを含め、その他の地域は、片足をあげて歩くハンサの旗を使用することが多い。民族旗の統一は合意がなされておらず、争点に挙がることもある。

このモン・ナショナルデーでは、いずれの開催地でも参加者は同じモンの民族衣装を身にまとっている（写真3）。男性は赤地に白い格子模様、女性は赤地に黒の模様が入った腰布がその特徴である。これに白いシャツを着るため、会場は紅白に染まる。民族衣装といえば伝統的なものを想像するかも知れないが、モンの場合はそれほど古くない。一九七一年、複数の大学から集まったモンの大学生たちが中心になって新たに作りだしたものである。当時、大学には土着民族（本節4参照）それぞれの文芸文化小委員会が設けられていた。しかし、各民族の小委員会が連邦記念日などの各種式典に出席するとき、モンは独自の民族衣装を持たず見分けがつかないことから残念な思いをしたという。そのため、大学卒業生や高校生なども含めた民族衣装作製のための委員会を立ち上げ、各地のモンの古い衣装や家霊の布を調べ参考にして作りだしたのが、現在のモン民族衣装である(13)［ပညာ:အောင်ဝိုး 1971-72: B. 27-34］。一九七〇年代初頭、大学生の民族活動が活発であり、影響力をもっていたことが窺える。

近年の動きとしては、民族政党の動向にも簡単に触れておかなければならない。一九六二年のネィウィンによるクーデターを端緒として、ビルマでは実質上の軍事政権が半世紀近く続いてきた。この後、軍政は二〇〇八年に憲法を制定し、それに基づいて二〇一〇年に総選挙を実施する。そして、翌年、この選挙結果を反映し「民政移管」した。「民政」といっても国会議員の四分の一を国軍司令官指名の国軍議員が占めるなど、軍の権益を保った制度の枠内である。また、二〇一〇年総選挙ではボイコットなどの影響もあって、国軍系の政党USDPが政権を担うことになった。しかし、蓋を開けてみると、当政権下で政治・経済的な改革が急速に進められて国内外を驚かせた。そして、二〇一五年に再び総選挙が実施されると、今度はアウンサンスーチー氏率いるNLDが圧倒的な強さで勝利し、国軍議員枠をものともしない勢いで、国会両院とも過半数を確保した。今、NLDによる新政権運営が世界の注目を浴びているところである。

この二度の選挙に関連して、他の少数民族同様、モンの民族政党も精力的に活動を始めている。そのうち、主要な合法政党は、モン民族党（MNP／旧MNDF、旧MDP）と、全モン地域民主党（AMDP）の二党である。

MNPの前身組織は、幻となった一九九〇年選挙で五議席を獲得している。また、二〇一〇年総選挙はボイコットを決め、事実上、ＮＬＤと足並みを揃えてきた。一方、ＡＭＤＰは、二〇一〇年の総選挙に参加して相当数の議席を獲得している（国会上院四、国会下院三、モン州議会七、カレン州議会二）[14]。この後、ＭＮＰの前身組織は、二度の名称変更を経て現在に至るが、その過程で、ＡＭＤＰに合併を呼びかけて一部の党員を取り込むことに成功した。しかし、完全な合併には至らず、二つの民族政党が対立する形で二〇一五年総選挙に臨むことになった。そして、その結果は、国会および州議会、共にＮＬＤの圧勝であった。モンの民族政党は、国会上院にＭＮＰ一議席、モン州議会に、ＭＮＰ二、ＡＭＤＰ一議席を獲得しただけである[15]。これにより、民主主義制度内でモンの民族政党が活躍する機会は、次期選挙まで小さくなった。ただし、ＮＬＤ党員として当選したモン議員が相当数いるらしく、民族的な主張を行うか注目される。

タイ国のモンはどうか。こちらも幾つかの民族団体を有すが、全国に成員をもつ主要な組織は二つである。その一つ、一九五八年設立のタイラーマン協会は、法人として登録された文化団体であり、バンコクのモン集落バーングクラディーには広い敷地をもった当協会の事務所が建っている。初代、三代、および四代目会長は、いずれもコッチャセーニー家（本書第一節1参照）であり、とくに四代目のスエット医師は、一九七四年から、亡くなる二〇〇七年まで三〇年以上会長を務め、モン文化運動の牽引者として今も名が知られている。

もう一つは、一九七五年に設立されたモン青年会（ＭＹＣ）である。こちらは任意団体であり、歴代会長も名家に偏ることはなく、初代以外は、一～二期（二～四年）ごとに新会長が選出されている。また、新モン国党などビルマ側の民族団体との接点もある。タイラーマン協会とモン青年会は一部会員を重複しつつ、近年は、協会がある種公的な顔として悠然と構える一方、青年会がより身軽に活動し実績を挙げる、といった棲み分けを行っている印象を受ける。

このモン青年会の主な活動は、モン・ナショナルデーの開催と定期刊行物の発行である。モン青年会主催のナショナルデーは、ビルマ側のモンに倣ったもので、一九八二年頃から開催が始まった（写真４）。当初はホテルでの屋内開

写真４　タイのモン・ナショナルデー、後ろには幟旗

催であったが、九〇年代頃から、僧院を会場に、各地のモン集落持ち回りで開催するようになって今日に至る。タイのモン集落は、ある一つの地域に集中しているのではなく、タイ人や華人など他民族の村や村民と隣り合いながら、各地各県に点々と広がっている。そのなかで、モン・ナショナルデーは、一部関心のある者だけとはいえ、全国のモンが、一年に一度、集い、顔を合わせる貴重な機会となっている。なお、この行事において、男性の中には先ほど言及したビルマのモン民族衣装を着る者も多く見られるが、どちらかと言えば、男女共に、タイ国の各自モン集落の衣装を着る参加者の方が多い。

また、モン青年会は、二〇〇六年から、定期刊行物『モンの声』を年に数回発行し、全国の購読会員に発送している。内容はモン集落の歴史や文化に関する記事が中心である。ただし、タイ国のモンを主な読者とするため、一部モン語を除いて、ほとんどはタイ語で書かれている。

なお、現在、タイでのモン・ナショナルデーは、地方自治体から予算を獲得するといった都合もあり、タイ語では「モン先祖追想記念日」などを正式の呼称としている。当国では、少数民族に対して、ネーションの訳語であるチャート（民族、国民、国家）という言葉を用いるには慎重さが求められる。近代的な民族を意味するチャートは、国の主体である「タイ」が独占しているため、国内の他の少数民族は、チャートティパンやチョンチャートと言った民族を表す他の語彙を用いる方が無難である。ただし、英語でモン・ナショナルデーと背景幕に掲げても反感を呼ぶことはないようである。また、非公式な場面では、タイ語でモン・ナショナルデー（ワン・チャート・モン）と呼び合っている。

また、サムットサーコーン県では、毎年、ビルマからの外国人労働者であるモンが参加するモン・ナショナルデーが盛大に催されている。これはモン青年会とは別の活動であり、タイ国モンの出家者や在家者から支援を受けて、二〇〇一年頃から外国人労働者自身が実施しているものである。

それでは、なぜ、これら自発的な民族運動が生じてきたのだろうか。その要因は、個別の事情や経緯が絡んでおり、容易に説明できるものではない。ただし、少なくとも、多数派民族をモデルとした中央集権的な同化政策の影響があることは否めない。続いては、タイとビルマの民族政策や同化政策について触れておこう。

4　タイとビルマの民族政策および少数言語教育の概要

ここでは、少数民族が公的にどのように認知されているかという点から両国の民族政策をごく簡単に概観したい。また、公教育での少数言語の扱いを通して、言語政策については同化主義的傾向が強いことを確認したい。

タイは多民族国家である。北部には山地民と総称される様々な少数民族、南部にはマレー系ムスリムや、水上生活で知られる海民、そして全国に多くの華人が暮らしている。北部と東北部の主流民族はタイ系の人々ではあるが、独自の言語（タイ系方言）や文化、歴史的背景を持つ点で、国民のモデルである中部タイ人とは異なっている。

一方、タイは、その全ての市民について何民族に属すかを明確にする政策は行っていない。民族ごとの人口も不明である。山地民については民族ごとの人口を数えていたこともあるが、それも二〇〇〇年代に入って廃止された。また、内務省統治局が少数民族などの各種集団に対して様々な色のカードを発行しているが、これは無国籍者や移民を管理するための制度であり、体系立った民族分類を試みたものではない。タイの政策には、少数民族の民族意識を固定したり強化したりすることを避けようとする傾向が見られる。

ただし、国勢調査では、一九八〇年から世帯内で使われる言語の調査が始まり、二〇〇〇年と二〇一〇年から、その調査結果が公表されるようになった。その報告書では、カレン語四四万一一一四名、マレー方言一四六万七三六九名（二〇一〇年）といった形で、少数言語話者の人口が視覚化されている。なお、モン語は四万七二九八名（二〇一〇年）が数えられているが、タイ国籍のモンに加え、ビルマからの外国人労働者を含むにしては少なすぎる数字である（タイ国籍がなくても三か月以上滞在していれば国勢調査の対象となる）。

民族画定を欠くタイにおいて、少数民族政策として問題になるのは、市民権と文化的同化である。隣国と陸続きのタイでは、後世に引かれた国境線を跨ぐ人の往来が古より連綿と続いてきたはずであり、近年は経済的な発展が吸引力となって、周辺国から常に人が入ってくる。そのため、いつまでに入国した者に国籍を与えるかが常に問題となり、政策遂行の不徹底も相まって、山地民のなかには今も多くの無国籍者がいる。一方、タイ国籍取得後は、少数民族出自であるからといって、民族的な主張を政策に反映したり、自分たちの言語や文化の将来を選択したり出来るような制度があるわけではない。そもそも、国籍の有無に関わらず、タイ国内は同化が奨励されるタイ中心世界である。

言語は、そうした同化政策の要の一つと言ってよい。東南アジアでは、教授用語（授業のために用いる言語）に注目したとき、島嶼部の国々が少数言語の使用を一部認める傾向があるのに対し、大陸部は公用語のみで教育を行っており同化的な傾向が強いとされる［村田　二〇〇一：二二九—二三〇、二七九—二八〇］。

タイでは、一九九〇年以降、華人、マレー系ムスリム、山地民に対する教育政策に変化があり、これまでの同化から、固有の文化を認める統合政策へと転換する傾向が見られた。しかし、教授用語については、法的規定を欠くものの、事実上、これまで一貫して、中部タイ語に由来する標準タイ語しか認めてこなかった［村田　二〇〇七］。つまり、公的な場での少数言語の使用を積極的に認め、タイ語と対等の価値を与えるという姿勢は、タイ国には見られない。言語をめぐるタイと少数民族の「上下関係」は、大変はっきりしている。

さて今度は、テナセリム山脈を越えてビルマに向かおう。こちらもまた多民族国家である。ただし、ビルマは、一三五の民族が公式に認知されており、民族画定を行わないタイとは大きく異なる。また、ビルマの行政区画は、ビルマ民族が多数を占める七つの管区と、少数民族名を冠した七つの州から構成されており、総人口のおよそ七割近くを占めるビルマ民族と、その他、七つの主要な少数民族を合わせて、八大民族がいるという国の認識が反映されている[16]。先ほど述べた一三五の民族は、この八大民族のいずれかに分類されている。ただし、その分類の基準は、言語や文化的な特徴と、主な居住地域がどの州や管区にあるかという点が混ざり合ったものであり、例えば、モン語と同じモン＝クメール語族に属すパラウンはシャン州に住むためシャン民族の下位分類とされるといったことが起きている［高谷　一九九七：三六―三八、二〇〇八：一三一―一三五］。なお、この八大民族に加え、二〇〇八年からは新たに六つの少数民族（ナガ、ダヌ、パオ、パラウン、コーカン、ワ）に対して、管区や州の下位に自治区が創設されている。

ただし、現在まで、主要な七つの少数民族でさえ、その自治は十分に認められてこなかった。一九七四年憲法は、七つの少数民族の州に対して、政治・行政上の自由を認めていない。その後、二〇〇八年憲法に基づき、二〇一一年から、州・管区に独自の議会と政府が設立した。このうち州・管区議会は、国会同様、民選議員（総議席数の四分の三）と、指名による国軍議員（同、四分の一）から構成される。軍の影響力が維持されたままであるとはいえ、州・管区に立法権や行政権が部分的に認められた点では大きな前進である。しかし、例えば、ビルマの連邦大統領が各州・管区の統括大臣を選び、その統括大臣が州・管区政府の大臣を選出するなど、中央集権的な側面も残しており、今はまだ地方分権に向けて歩き始めたに過ぎない。なお、ビルマは連邦共和国を名乗っているが、連邦制とは程遠く、名目的なものに留まっている［根本　二〇一四：三〇七、UNDP 2015］。

さらに、州や管区といった、これら行政区画は、それぞれが住民として多様な民族を抱えているため、例えば、モン州だからといって、二〇一〇年から行われるようになった国会および州議会の選挙結果や、そのうち後者に基づいて組織された州議会が、必ずしもモン民族の声を代表しているとは限らない。

唯一、部分的ながら各民族を代表する制度と言えるのが、「民族担当大臣」という二〇〇八年憲法に基づいた新制度である。これは、それぞれの州や管区において、多数派ではない民族（例えば、モン州なら、カレン、ビルマ、パオなど）の人口が、五万人強（国内総人口の〇・一％）を占める場合に限り、その民族は、選挙によって州や管区の議会に民族を代表する議員を一人選出し、かつ、その議員は州・管区政府で民族担当大臣を務める、というものである。[17]ただし、この制度についても、果たしてどの程度、民族政策に影響を及ぼすのか、今後の実態把握が必要である。

ところで、ビルマは公的に土着民族とそれ以外の外国系住民とを区別している。先ほど取り上げた八大民族や、その下位分類である一三五の民族が、この「土着民族」（B. タインインダー・ルーミョー、National Race）である。自治区を有する六民族や、民族担当大臣枠として州・管区議会議員を選出する民族も、全てこの一三五の土着民族のいずれかに含まれる。一方、中国系やインド系の人々は、条件次第で国籍取得は可能であるものの、そうした外国系諸民族の名称は、基本的に、この一三五民族のなかには含まれておらず、土着民族の一つとして認められていない。[18]

さらに、ビルマでは総じてムスリムへの風当たりが強いという宗教的な差別の問題もここに加わる。ビルマの国民統合モデルは、仏教徒ビルマ人を中心として、その周りに土着民族、さらに周縁に外国系住民、そのさらに周縁にムスリムという階層を成すとされる。こうしたムスリムの位置をよく表す例として、移入時期が古く、ビルマ語を母語とするような、いわばビルマ化の進んだムスリム（バマー・ムスリム）が、国民登録証に、民族ビルマ、宗教イスラームと登録申請すると、その組み合わせはあり得ないとして、行政に拒まれるという混乱がある［斎藤 二〇〇七］。

それでは、ビルマ人に続く、いわば二番目の地位を与えられている土着民族については、その文化や言語を促進するような政策が採られているのだろうか。教育制度における少数言語の扱いに注目してみよう。タイと同じように、ビルマでも教授用語はビルマ語のみが用いられており、そのように定められたのは、一九七〇年とも、一九七三年とも言われている［牧野 二〇〇一：一三九、Kyaw Yin Hlaing 2007: 161］。教師や学生が何語で話しているかについて詳しい実態は分からないが、理念上、校門をくぐれば、そこはビルマ語世界ということになる。少数言語の促進より、優勢言語への同化を優先する点で、タイとビルマは共通している。

一方、ビルマでは、教科として公立学校で少数言語を教えることは部分的に認められてきた。独立後のウー・ヌ期は中等教育まで、ネィウィン期（一九六六年教育法）は二年生（小学校低学年）まで、少数言語の教育が容認されている。ただし、実態としては、少数言語教育を積極的に推進して余計な問題を起こしたくない役人の裁量などが影響した結果、一九八〇年代初頭までに、その多くが中止されていったようである［Kyaw Yin Hlaing 2007］。その後、二〇一一年の「民政移管」を経ると、国会で民族政党が少数言語教育を提案するなどの新たな動きが生じる。二〇一四年には、モン州議会が、全国で初めて公立学校の四年生（小学校卒業）まで少数言語（モン、カレン、パオ）の教育を容認する法案を可決した。まだ部分的な取り組みに留まるとはいえ、こうして同年からモン州内の公立学校でモン語教育が始まり、その担当教師は州政府から給与を受けることになった。

いずれにせよ、ビルマの少数言語教育に関する方向転換は始まったばかりである。教授用語については、現在でも、タイとビルマ、両国共に公用語を使用している。この二国は、民族画定に関する政策に大きな違いがあるものの、同じ言語を使って交流できる国民を作ろうと努めてきた点では共通している。しかし、これが行き過ぎると、少数言語の衰退や消滅に繋がることがある。とくにタイ国では、産業化と学歴社会が浸透し、交通インフラが整備され、都市部の煌めきが人々を引き寄せ、民家の中ではテレビ視聴が習慣化して、中部タイ語の覇権をますます磐石なものへと変えている。最もその影響を受け、自言語を話さなくなった典型例が、華人やモンである。

モンは、タイやビルマにて、国境地域や辺境の住民、新規の移民などの例外を除けば、市民権が得られないという問題に直面することはなかった。そのため、他の少数民族が、ときに市民権と同化という二重の壁を経験するのに対し、モンの場合、少数民族としての困難が半分で済むことになる。ただし、その分、モンの事例を取り上げることは、市民権取得と同化を交換条件として捉えることなく、同化問題に焦点を当てることができる。本項で述べたように、タイとビルマは、少数言語の公的な使用を積極的に認めていない。こうした二国で、当事者の自主的な取り組みとして自言語の教育や発展を目指すことなど、果たして可能なのだろうか。本書では、続く第二節と三節にて、タイとビルマにおけるモン語教育の現状や発展経緯を明らかにしたい。

二　タイ国モンの言語教育運動

1　モン語読み書きと仏教僧院

東南アジア大陸部では様々な文字が使われてきた。ベトナムを除いた地域では、大きく分けて、モン＝ビルマ文字と、クメール＝シャム文字の二つの系統があるとされている。双方ともそれぞれインド系の文字から発展した文字である。このうち、クメール＝シャム文字とは、クメール文字（カンボジア文字）と、その影響を受けた現在のタイ標準語を表す文字（タイ文字）の系統のことである。東南アジア大陸部の地図を北上していくと、この二つの系統がぶつかって、北タイのタム文字や中国南部のタイ系文字の一部など、二系統双方からの影響を受けた文字も目にすることが出来る。

現在のタイ国に相当する地域でも、近代以前は様々な文字が使われていた。タイの中部と南部では、タイ文字とクメール文字の二つの文字が用いられ、とくに上座部仏教の聖典であるパーリ語三蔵（仏陀の言葉を集めた経蔵、出家者の守る規則を定めた律蔵、教理の解釈研究をまとめた論蔵の三種から成る）などはクメール文字によって書かれてきた。また、タイの北部と東北部では、パーリ語や現地語を記すのに右記のタム文字が用いられた。現在は、全国の公教育および仏教教学ともにタイ文字が広く使われており、伝統文字の使用機会は少なくなっている。

モン語話者はどうであろうか。前近代のモン僧院では、タイとビルマの二国とも、モン文字によってモン語およびパーリ語を表記してきた。ちなみに、モン文字のパーリ語表記とビルマ文字のそれは、一部符号を除いてほぼ同じであるため、交換しても読むことができる。

タイ国のモン僧院には、一〇〇年から三〇〇年程前に書かれたモン文字の文献が、今やほとんど使われる機会なく、深い眠りについている。他の文字と同様に、これらモン文字文献の多くは、細長く長方形に整えたヤシ科の木の葉に、鉄筆で文を刻み、煤を入れた、貝葉と呼ばれるものである。この他、タイ国では和紙に似たコーイ紙の使用もある。

こうしたモン文字の古い文献には一体何が書かれているのだろうか。ここにタイ中部の二つの僧院（ラーチャブリー県コングカーラーム寺、および、パトゥムターニー県サーラーデーングヌア寺）に保管されている貝葉の整理を行った調査がある。それによれば、二院それぞれ約四〇〇〇点の貝葉文献を所蔵し、その内およそ八割が三蔵聖典やその関連書であるという。そのなかには、パーリ語をモン文字で表記したものもあれば、パーリ語とモン語の併記や、モン語だけで書かれたものも含まれている［บุษบา ประภาสพงศ์ และคณะ 1998］。

残りの二割は様々である。ジャータカなどの仏教説話や、民間信仰、呪術、伝統薬、タイ文学からの翻訳、法典（ダンマサート）、それに、モン王朝史もある。今のタイの状況からは想像できないが、かつて、これらモン語書き言葉の世界が、村や地域を超えて広がっていたのだろう。

その後、およそ一九〇四〜一九四〇年の間には、タイ国内で仏教僧ブンカン師の運営するモン文字印刷所が動いていたこともある。初めはプラプラデーングのケー寺（モン語は象運河寺）に開所し、続いて近くのモーク寺に、そして、最後はバンコク東部に接するチャチューングサオ県内の僧院に移転している。この間、分かっているだけでも、パーリ三蔵三二巻や仏教関連書、モンの王朝史など二四点が印刷されている［บุษบา ประภาสพงศ์ และคณะ 1998: 6-8, 21; สุจริตลักษณ์ et al. 1995: 103-107］。また、近年の刊行物として、モン僧などの葬式本の一部にモン語・モン文字の記事を見ることができる。現在は、コンピュータを使用したモン文字の印刷が可能になっており、とくにバンコク都内にあるタイ国モン人の印刷会社（Tech Promotion & Advertising Co., Ltd.）が多くのモン語書籍を刊行している。

近代教育制度の導入以降になると、学ぶべき読み書き能力は、モン語・モン文字から、タイ語・タイ文字へと代わった。しかし、突如、モン語の教育が終わりを告げたわけではなく、しばらくは両者が並行する時期があったようである。例えば、七本村では、一九三四年に小学校が建てられたあとも、多くの男児が、日中、学校に通い、放課後、寺弟子（M. クワハペー ဍိုးဍ）として僧院で仏教僧にモン文字を習ったという。しかし、この村では一九五〇年代半ば頃から、こうした習慣は見られなくなった。このように、二〇世紀を通して徐々にモン語の読み書きは衰退してきた。

2　モン語教育運動の始まりと失望——私塾としてのモン語教育と学生不足

近年になると、消滅した僧院教育の代わりに、無料の私塾という形でモン語を教え始める人たちが、複数の集落で見られるようになった。ただし、どこも学生不足に直面している。以下はその一例である。

サムットプラーカーン県プラプラデーング郡では、一九九七年に「モン文語学習センター」が開所した。センターの置かれた僧院の住職と三代目モン青年会会長の二人を教師に招いて、毎週日曜日に無料で授業を行ってきた。開所当初は盛況で一〇〇人以上の学生が集まったが、教室に入りきらないなど少し多すぎたため、一年後には二〇人くらいに減らして学生数としては適当な人数になったという。学生の年齢は八歳から八〇歳くらいまで、男女比は半々くらいであった。当センター発行のモン文字入門教科書は、タイ語を知る者にとってはシンプルで使い易い。しかし、二〇〇四年頃、体調不良や多忙が原因で二人の教師は教壇に立てなくなり、代わりに、設立者のパリンヤー氏（男性・一九六〇年生まれ）と、このセンターの元学生であるワーサナー氏（女性・一九五五年生まれ）が教えるようになって今日に至る。ただし、現在は学生が集まらず、一人、二人と希望者があったとき、個別に教えるのが現状である。

バンコク都内では、仏教僧のチュワング師（一九三八年生まれ）が、一九七七年から「モン語センター」を開き、無償でモン語の読み書きを教えてきた。教科書も独自に作成している。サムットサーコーン県出身の師は、四歳で両親を亡くして以来、僧院生活であり、沙弥（少年僧）のときにはパトゥムターニー県の当時著名なモン教学僧院サーラーデーングヌア寺で学習した。しかし、このモン語センターも近年は学生不足である。チュワング師曰く、「英語はお金を払ってでも勉強するのに、モン語はタダでも誰も学ぼうとしない」。

北タイのランプーン県にあるモン村では、およそ一九九八年から二〇〇五年まで、故ブンミー氏（男性・一九三〇年頃の生まれ）が、モン語読み書きを教えてきた。ブンミー氏は、子どものころ既に僧院でのモン語読み書き教育が廃れていたため、代わりに村の伝統医に頼んで一対一で教えてもらったという。ブンミー氏は、国道局職員を定年退職後、モン語を教え始めたが、出家者はあまり関心を示さず、子どもたちは学校の宿題が忙しくなって学生数が減ったため、約七年間続けたあとに辞めてしまった。

3　衝突する話し言葉と書き言葉――プロジェクトとしてのモン語教育とその課題

以上の私塾で教えてきたのは、皆、モン語を母語とする世代である。しかし、現在、タイ国のモンの児童にはモン語を話せる者がほとんどいない。話者の減少が学生不足の大きな原因であるのは間違いないだろう。また、公立学校の学業や課外活動に児童が時間を割かなければならないのも理由の一つである。加えて、どのモン語教育も個人や各集落に基盤を置いた私塾に留まっており、地域を越えて連帯するような広域の運動には至っていない。タイ国の二つのモン民族団体もまた、この問題に有効な解決方法を提示していない。

それでは、プロジェクトとして少数言語教育が行われる場合はどうだろうか。タイの教育省や国立大学、財団などが関与したモン語教育について見てみよう。

（1）バーンポーング（ラーチャブリー県）

写真5　アンパイ氏と地域の民族衣装を着たモンの小学生

この集落では、アンパイ氏（女性・一九四一年生まれ）がモン語教育を先導してきた（写真5）。同氏は国立大学で教育学の修士号を取得し、五八歳で定年となるまで、地元小学校の教師であった。また、二〇〇〇～二〇〇四年の間は、モン青年会の会長も務めている。

アンパイ氏が子どもの頃、男児は皆、寺弟子となり、モン語とともに仏教や道徳を学んだという。氏は女性であったため寺弟子の機会はない。父親がモン語の読み書きに優れており、娘にも教えようとしたことがあったが、そのときまだ子どもであったアンパイ氏はそれを拒んでしまったという。アンパイ氏がモン語の読み書きを学ぶきっかけは、ずっと後の四〇代のとき、父親が連れてきた西洋人がモン語を話したり読んだりできることに驚いたからであった。これを機に関心をもち、親戚の在家者に頼んで個人的に教えてもらった。

その後、アンパイ氏は、児童用モン文字入門書を自費出版し、県内外で無料配布した。さらに、村では既に寺弟子制度が消滅していたため、およそ二〇〇一～二〇〇三年の間、在家者の有志でグループを作って、集落の子供や若者を対象に無料でモン語読み書きを教える私塾を開いた。その結果、三〇～四〇人の学生が集まったが、しばらくすると、とくに中学生が放課後の活動に忙しくなり来なくなった。この背景には、学校教員に対する業績主義の導入があったという。教員は、給料増加のために、これまで以上に音楽やスポーツなどの課外活動に力を入れなければならなくなった。

そこで、学校カリキュラムの利用を思いつく。これは、二〇〇三年に全国の小中高校で実施が始まった新しいカリキュラムに基づくもので、全国統一のコア・カリキュラムが学校教育の七割を占めるのに対して、残りの三割を各学校が独自のカリキュラムとして作成し運用することができるという制度である［村田　二〇〇七：二三二］。しかし、アンパイ氏たちは、具体的なカリキュラム案を作り、学校に提案したものの実現には至らなかった。

そうしたなか、教育省の知り合いX氏から、国立大学のY研究所を紹介してもらうことになった。この研究所が世話人となってその指導を受けながら、地元民一〇人から成るチームを結成し、まずは準備プロジェクトを一四か月間実施した。そして、二〇一〇年からは学校カリキュラムとして小学校と中学校でモン語を教えることが決まった。両者とも、タイ研究基金（TRF）から予算を得たプロジェクトである。アンパイ氏は、庶民の力ではどうにもならなかったが、さすが大学が関与すると、学校でのモン語教育も円滑に実現するものだと感心したという。

ただし、同時に問題も生じた。Y研究所が、教材作成にあたり、モン文字に代えてタイ文字を使ったモン語表記法を勧めてきたからだ。地元チームははじめこの案に反対したが、結局、研究所の提案を受けいれることになった。

Y研究所の研究者がタイ文字表記を強く勧めるのはなぜか。それは、タイ全国の少数言語教育に関わる研究グループに参加しているためである。このグループは、教材としての絵本作りや、全身反応教授法（TPR／教師が目標言語を用いて動作を指示し学生は無言で身体を動かす教授法）、そして、タイ文字による少数言語表記法の作成を、一つのパッケージとして推奨しているようである。同じ教授法を使った、なるべく多くの事例が揃えば、自分たちの成果をアピールしなければならない研究者グループにとっては都合が良い。しかし、どの少数言語にも一律に同じ方法を当てはめるのは果たして適当なのだろうか。

アンパイ氏や、小学校でモン語授業を担当するナコーン氏（男性・六〇代）は、モン文字をタイ文字表記に置き換えることに不満をもっている。例えば、このバーンポーング地域内には、モン語の発音は三種あるという。しかし、表音文字であるタイ文字を用いた場合、どの発音を参考にするか、新たな争いの種が生まれてしまう。

モン文字も表音文字だが、こうした問題は生じない。なぜだろうか。それは、モン文字の同じ表記を、それぞれ地域毎に異なる発音で読むことが出来るからである。これは特に母音に関わるものが多いが、例えば、「寺」を意味する同じ綴りのモン文字（ဗၜ）を、「ペー」と読んでも、「ピィア」と読んでも、各方言に沿って好きに発音して一向に構わない。この点でモン文字は寛容である。しかし、これをタイ文字で表すと、右記のカタカナ（ペーとピィア）と同じように、表記が異なってしまう。

一方、モン文字での表記は、同時に他の課題も運んでくる。それが、書き言葉と話し言葉の間にみられる発音のずれである。モン語は、二音節から成る単語の場合、しばしば、初めの音節が「ハ」や「ア」などと発音されたり、脱落したりする。例えば、「教える」という単語は書くと「ペトーン」（ၜတောန်）、話すと「ハトーン」である。「日」や「曜日」は書くと「タンゴア」（ၜ）、話すと地域によって「ンゴア」や「ホア」となる。[19] そして、これはまた、地域の発音の違いも書けば同じである、という認識にも結び付いている。

文字と口語の間にあるこうしたずれは、伝統的には「綴り」として暗記してしまえば問題はなかった。あとは各地域の口語に沿って発音すればよいだけである。しかしながら、バーンポーングではモン語を話せる児童の数が既に少なくなっており、こうなると厄介である。児童が話し言葉を知らないまま、綴り字通りに覚えて発音しても、例えばモン語話者である自分の祖母がモン語の読み書きを知らない場合、通じないことがある。

最終的にこのプロジェクトでは、モン語表記にあたって、タイ文字とモン文字の両方を使うということに落ち着いた。ただし、モン語話者減少には歯止めがかからず、その意味で、バーンポーングのモン語教育は象徴的なものに留まっている。もちろん、これまでの学校教育では、教師が学生に対してタイ語を推奨するあまり、モン語の使用を禁止したり揶揄したりしてきたことを思えば、学校教育における少数言語教育の導入は大きな変化である。ただ、話者が減少している少数言語教育としては、ノウハウも資金も不足しており、Y研究所も自分たちの方法を押し付ける一方、個々の言語を研究者自ら学んで個別に対処する気はなく、口語の衰退について真剣に向き合う覚悟もない。いや、顔を背けたくなるのも分からなくはない。少数言語の担い手が減ることで更に減少に拍車がかかるという負のスパイラルがある程度進むと、自言語を復活させたいという当事者の強い意志や、バイリンガル教育の制度化、そのためのまとまった資金などが必要となる。仮にこうした解決策が利用できたとしても、当事者のうちどれくらいの人数が母語を継承したいのか、多額の資金は利権を生み出さないのか、など課題は多い。もちろん、課題の多さを理由に、こうした問題に私たちが背を向けることを正当化してしまってはならないだろう。しかし、タイ国のモン語の現状は、話者が減少する少数言語の教育がいかに難しいかを物語っている。

（2）サンᵍクラブリー（カーンチャナブリー県国境地域）

モン語話者に対するモン語教育プロジェクトについても簡単に取り上げておこう。テナセリム山脈の東西を結ぶ峠として古来用いられてきた三仏塔峠の近くに、ワンᵍカ村と呼ばれるモンの集住地がある。川を挟んで南側にワンᵍカ村、北側に郡庁と小さな町があり、その間を渡す橋は、タイで最も長い木造橋として観光名所となっている。

ワンᵍカ村は、一九四八年ビルマ独立以降ビルマからタイへの新しい移住によるモン集落である。とくに一九五一年に移住してきたモンの高僧ウッタマ師を先導者として村が形成され、一九八四年にはダム建設のため村ごと高台に移動している。モンの移民や一時定住者は、その後、現在まで継続して流入しており、タイ国籍を有すものもそうでない者も、様々な法的立場をもつ者が暮らしている。モン軍（新モン国党）関係者の姿もある。言語や文化は、タイ内部のモンよりも、ビルマのモンとの連続性が濃厚である。また、子どもから年配者まで、定住者はモン語とタイ語のバイリンガルが多く、国境地域ならではの独自性がある。

このワンᵍカ村の小学校でも、モン語復興プロジェクトが実施されてきた。それが、「地方語導入学習によるタイ語教育の質向上プロジェクト」である。これは、タイ教育省の基礎教育委員会事務局によるプロジェクトであり、タイ語以外の言語を日常的に話す国境地域で、児童の学習成果を向上させることを目的としている。この事業の一部が「バイリンガル・プロジェクト」である。まず、児童の母語である「地方語」（話す・聞く）を用いて、知能、思考力、コミュニケーション能力の発達を促し、その後の学習の基礎作りをする。その上で、次の段階として、タイ文字による地方語表記を用いて読み書きを教える。この方法によって、その後のタイ語の読み書き学習を容易にし、タイ語による義務教育の学習成果を向上させようというのが基本的姿勢である。

タイ南部国境県では、このバイリンガル・プロジェクトを国立大学のＹＹ研究所と共同実施している。ＹＹ研究所は、バーンポーングの世話人であったY研究所の後身である。一方、タイ西部および北部国境県のバイリンガル・プロジェクトは、応用言語学財団との共同主催であり、ワングカ村ではこのパイロット・プロジェクトとして二〇〇七年から開始された。ユネスコや海外のペスタロッチ子ども財団からも資金援助を受けている。ところが、ここでもモン語のタイ文字表記法が推奨された。少数言語のタイ文字表記による教育は、タイ語学習成果の向上を目指す同事業の核心部分であったため、主催者はモン文字教育に全く関心を示さず、バーンポーングと同様の問題が生じた。

二〇一〇年当時、プロジェクトは、一六名のモン教師を雇用していた。モン教師は正式な教員資格のない、プロジェクト期間のみ臨時雇用された地元の人たちである。そのなかで、リーダーシップをとるA氏（男性）は、事業のなかでモン文字を教える機会が与えられないことに不満を示していた。プロジェクトは、主催者側から「モン語教育」として地元の人々に説明があり、当初、A氏もモン文字を教えるものと理解していた。A氏は、その後数年間、モン文字教育の要請も続けたが、相手にされなかったため、プロジェクトを途中で降りてしまう。こうした問題に直面し、二〇一三年から、当プロジェクトでも部分的にモン文字を教えることになった。

地元の反応は様々なようだ。モン人であってもモン語教育に反対の者もあり、賛成派とほぼ拮抗しているという話もある。また、モン語教育には賛成でも、そのタイ文字表記には、「モン語をダメにする」という理由から反対する者もいる。確かに、タイ文字によってモン語の発音を表記するには、かなり無理をしなければならない。モン文字を軽視する姿勢に問題はないのだろうか。

ワンｸﾞカ村在住のＢ氏は次のように述べている。バーンポーンｸﾞとワンｸﾞカ村では、モン語の発音は異なっても、モン文字は同じである。しかし、タイ文字で表記すれば異なってしまう。そうなれば、もはやモンとは名ばかりに過ぎない。どういうことか。実はバーンポーンｸﾞとワンｸﾞカ村では、それぞれ別にモン語のタイ文字表記法を考案したため、両者は大きく異なっている。それは符号の使用法の違いに基づく部分もあれば、口語の発音の違いに起因するものも多い。そのため、例えば、バーンポーンｸﾞの児童が、ワンｸﾞカ村で書かれたタイ文字によるモン語の教材を読むことはできない。言うまでもなく、タイ文字による表記法では、ビルマのモンとの間にも書き言葉の共通性は失われることになる。当プロジェクトが「民族語」ではなく「地方語」（ภาษาท้องถิ่น）という用語を用いるように、民族的な連続性や広がりを地域ごとに切り取った上で、タイ文字社会へと組み込むことが、「バイリンガル」を自称する当プロジェクトの内実である。

プロジェクトに関与する財団や教育省関係者に話を聞くと、モン文字教育の要求には頭を抱えているようである。教育省内部では、タイ語以外の言語は重要ではないという考え方が依然根強く、プロジェクトはそうした教育省からも理解を得るために設計されているからである。タイ語至上主義は過去のものではない。

三　ビルマ国モンの言語教育運動

1　モン語の方言、標準語、そして、メディア

二〇世紀初頭はビルマ全土が英領下にあった時代である。このとき既に、モン語の消滅はもはや時間の問題だ、と一般的には考えられていたという。ただし、一九一一年の国勢調査の結果によれば、モンという民族（race）の人口が

やや減少しているにも関わらず、その話者数は増えていた。また、当時のタイ国のモンについても、一般的な印象としてはタイへの同化が進んでいると言われるが、村のなかではモン語が話されていた［Halliday 2000a (1917): 131］。

以上は、モン研究の父、ハリデイが、一九一七年に書いた当時の状況である。それから一世紀近く経った今も、ビルマではモン語が村のなかで使われ続けている。言語学者のバウアーは、ビルマでのモン語消滅の語りについて、真実ではないがそのように信じられている、という意味で「神話」であると述べている。そして、ビルマでは今後も有力な地域言語であり続けるだろう、と結論している［Bauer 1990: 37］。

ただし、これは現状であり、モンは、タイやビルマと宗教や居住環境などにおいて違いが小さく同化に近いという点では、状況次第で神話が徐々に現実となる可能性も否定出来ない。実際、タイでは同化が進み、もはや後戻り出来ない段階に至っている。ビルマでも、モン州のビルマ民族はモン語を話さないこと、既にモン語が出来ないモン民族が相当数いること、読み書きはモン民族の間でもビルマ語の方が普及していることなど、言語の優劣には明確な差がある。

それでは、現在、ビルマ国のどの辺りでモン語は話されているのか。ヤンゴンから車に乗ってモン州の方に出かけてみよう。まずは北上してペグー（B. バゴー）の街を通る。言わずと知れたモンの古都である。しかし、ここでモン語を聞くことはほとんどない。市街の近くにモン語を話す集落があるが、これは前世紀の移住による比較的新しい村である。

ペグーから東に向かい、シッタウン川に架かる橋を渡り終えると、「モン州へようこそ」と書かれた案内が私たちを出迎える。ここからモン州の北西端、チャイットー郡である（以下、郡名はビルマ語発音、村名はモン語発音で表記する）。同郡には、当国の仏教聖地であり、観光地としても有名なチャイッティヨーがある。山上の崖から落ちそうで落ちない丸い巨岩の上に仏塔が建っているが、その名称の由来は、「仙人の頭上に乗った仏（仏塔）」を意味するモン語のチャイッキ・イソイ・ユー（ကျာ်အသိုဲ）とされる[20]。ちなみに、「チャイッキ」とは、仏陀や、仏像、仏塔（仏舎利塔）などを意味するモン語であり、下ビルマの地名や仏塔名としてモンの名残を今に伝えている。仏教僧の発話に対して、在家者がモン語で「チャイッキ」（はい、そうです）と返事をしたり、相槌を打ったりするときにもこれと同じ語が使われている。チャイットーという郡の名も、モン語で、金の仏という意味である。

ところが、このチャイットー郡でも、モン語はあまり聞こえてこない。古いモン語の地名ばかりに出会うが、生きたモン語はどこで話されているのか。モン州は一〇の郡（各郡の中心となる市街地の名は郡名と同じ）から成るが、北から南下した場合、モン語話者が増えるのはタトン郡を超えた辺りからである。例としてモン僧院の数を挙げてみよう。北から順に、チャイットー郡四院、ビーリン郡無し、タトン郡三院である。しかし、タトンの南方、パウン郡に入るとすぐにヂンチャイッと呼ばれるモンの集住地が見えてくる。モン語でヂャングチャイッキ（ဍိုင်ကျာ်）、山上には仏塔があり、その「仏塔の足元」を意味する。このパウン郡には五七院のモン僧院があり、この辺りからモン語世界が南に向かって縦長に広がっている。とくに、モン州最南のイェー郡には、全国で最も多い一五二院のモン僧院が建つ[21]。

さらに、パウン郡を南下しよう。チベット高原に発し、ここで海へと流れ込むサルウィン川に架かる大きな橋を渡れば、モン州の州都モーラミャインである。ところが、州都に着いてもビルマ語ばかりが聞こえる。そこから南に、ムドン郡（モン語でムフドゥング、「国・街の端」）、泰緬鉄道の終点として知られるタンビューザヤッ郡（モン語ではソップ、「白い東屋」）と進んでも、市街地はビルマ語世界である。しかし、一歩市外に出ると、そこには多くのモン村が広がっており、村人同士は子どもから大人までモン語で会話している。ただし、そのほとんど誰もがビルマ語とのバイリンガルである。そのため、ビルマ語話者が村の人とビルマ語で話す限り、一体モン語などどこにあるのかと思うかも知れない。こうした状況もまたモン語消滅神話を支えてきたのだろうか。

また、この地域の村落はモン村ばかりではない。ビルマ、カレン、パオなどの村が、モザイク状に入り乱れている。また、民族と村の単位がほぼ一致するところもあれば、村内に多民族が共住するところもある。一九八三年の国勢調査によれば、モン州総人口における民族（race）の人口内訳は、モンが約三八％、ビルマが約三七％、カレンが約一六％であり、モン人とビルマ人はほぼ拮抗している。これは、現在、モンの民族政党が選挙で容易に勝てない理由でもある。

一方、モーラミャインから東方に進むと、カレン州のコゥカレイッ郡（モン語でコクロイッキ、「ワタノキ島」）を抜けて、タイとの国境ミャワディーに通じる。このコゥカレイッ郡の西端には、コピン村（ビルマ語ではコゥベイン）という大きなモン集落があり、その周辺にも大小多くのモン村が、カレン州とモン州をまたいで広がっている。一九八三年国勢調査によれば、カレン州には一一万人以上（当州総人口の約一八％）、そして、モン州南端に接するタニンダーイー管区には二万人以上（当州総人口の約二・五％）のモンが住んでいる。州と民族の分布は、大まかな妥当性はあるものの、きれいに一致しているわけではない。

ところで、モン語は、比較的、均質性の高い言語である。ただし、ビルマとタイのモン語は、それぞれ主流民族の言語から語彙を借用するなどの影響を受けている。[22] また、ビルマ国内のモン語には、大きく分けて、モン・ローとモン・ラーオという二つの方言がある。モン・ロー方言は、主にサルウィン川以北のヂャングチャイッキ村周辺と、カレン州のコピン村周辺で話されている。おおよそ、それ以外の地域がモン・ラーオ方言に属し、こちらはさらに内部の多様性をもつ［Diffloth 1984: 40-49］。

興味深いのは「標準語」の存在である。本書では前節にて、書き言葉が地域を超えて共通すると述べたが、それだけではない。かつてモン語の口語辞書を編纂したショルトは、その序文にて、自立的な政体や文化の中心となる都市を欠くにも関わらず、モン語の話し言葉には標準語があると指摘している。そして、その標準語としての威信は仏教僧院に支えられたものだという［Shorto 1962: x］。仏教僧は、モン語の書き言葉の主要な担い手であり、また教学や修行のために地域を超えて移動するため、標準語を生み出す役割を担うのもうなずける。

ポピュラー音楽も重要である。あるビルマのモン語話者によれば、彼はモン語読み書きができないが、モン語の歌は「インターナショナル」な発音で歌っていて、どの地域の人が聞いても分かるのだという。ただし、タイ国のモン語話者に尋ねたところ、ビルマ側のモン語の歌は、聞いてもあまり理解出来ないということであった。歌には国境の壁があるのかも知れない。いずれにせよ、ビルマのモンの若者の間でモン語の歌はかなりの人気があり、タイ国でもビルマからのモン人出稼ぎ労働者の多い地域でコンサートが開かれ、多くの観客を集めている。タイ出身のモンの一人は、ビルマのモン語が衰退に向かわない一つの重要な要因として、モン語の歌の人気を挙げる。若者の関心が少数言語の将来を左右するというのは的を射た指摘である。

一方、書き言葉としては、本や新聞の存在に触れないわけにはいかない。現在のビルマでは、数はそれほど多くはないが、モン語の書籍が販売されている。ヤンゴンのモン図書室に行けば、雑誌などを除いても、およそ二八〇点のモン語書籍が所蔵されている。名の知れたモン語書籍の著者としては、例えば、仏教や歴史などについて八七作品を執筆した、御年九〇歳以上の仏教僧、パーリタ師（後述のカマーワック村在住）がいる。

加えて、定期的に発行されるモン語新聞もある。現在、代表的なのは「ガイディング・スター」である。これは、一九九九年の創刊以来、ビルマ国内ではずっと発禁であった。ところが、二〇一三年から民間日刊紙の発行が半世紀ぶりに許可されたのと同時に、少数言語の新聞発行も可能となり、この「ガイディング・スター」も同年四月号から正式の許可を得て国内での発行を開始した。二〇一四年現在、月二刊、発行部数は三〇〇〇部である。また、発禁時はモン語とビルマ語の併記であったが、発行許可取得後はモン語のみで記事を書いている。さらに、この新聞を発行する独立モン通信社（ＩＭＮＡ）は、モン語、ビルマ語、英語の三言語によるニュースサイトも開設している。

他に「アマートティン」というモン語新聞もある。こちらも二〇〇五年の創刊時は無許可で発行していたが、二〇一三年三月号から政府の許可を得て、二〇一三年現在は年に三〜四回発行し、部数は二〇〇〇部である。僧院の支援を得て発行しているのが特徴である。

このようにビルマでのモン語は消滅するどころか時代に合わせて進歩している。標準語やポピュラー音楽は、各地の方言差を超えたコミュニケーションを促している。そして、書き言葉もまた、書籍や新聞、ニュースサイトがあり、さらに最近ではスマホでモン語を使っている者もいる。

ただし、特定の書き言葉については、その読み書きの技術を新しい世代に伝える取り組みが途切れることなく続いていかなければならない。それを欠いては、モン語書籍もいつかは読み手を失い、タイのように本棚の奥に置かれたままになってしまう。だが、果たして少数民族にとって、一定の規模と持続性をもった言語教育など実現可能なのだろうか。

2 モン民族学校――バイリンガル教育

タイとは対照的に、ビルマでは大規模に展開するモン語教育が二つある。その一つがモン民族教育委員会（MNEC）の運営する「モン民族学校」である。これは新モン国党の影響下にあるため、モン語で「党の学校」と呼ぶ人もいる。この民族学校や、後述するポストテン（Post Ten）学校、夏期講習などは、ほかの少数民族とも共通する活動であり、相互に模倣し合っていると思われる。ただし、ビルマ少数言語教育の全貌と詳細はまだ明らかになっていない。

本書では、モンの事例を追うことにしよう。重要なことに、このモン民族学校は、新モン国党の実効支配地域の外でも多く運営されている。そしてまた、ビルマ国家も事実上公認している。なぜそんなことが可能になったのか。

新モン国党の教育部門が設置されたのは一九七二年である。この教育部門が、モン民族学校の運営を開始し、その後、一九九二年にモン民族教育委員会という独立組織が運営を引き継いだ。そして、一九九五年、新モン国党とビルマ政府との停戦合意が、新たな展開をもたらす。

その前に、モン民族学校がどれくらいの規模で展開されているか、その現状を確認しておこう。二〇一三年度、モン民族学校の数は一四〇校、学生数は一万三一〇六人（うち男子六三〇五人、女子六八〇一人）、教員数は六一九人（うち男性七〇人、女性五四九人）である。民族学校のほとんどは小学校であり、計一一七校を数える。残りの内訳は、中学校八校、高校二校、および、高卒者の通うポストテン学校二校（後述）である。なお、学年は公立学校と変わらず、小学校（幼稚部、および、一～四年生）、中学校（五～八年生）、高校（九～一〇年生）である。

学校の分布はどうか。二〇一四年の資料によれば、最も学校の多い地域は、モン州イェー郡の八一校である。その他は、イェー郡以外のモン州内に三二校、カレン州に一七校、タニンダーイー管区に一三校ある（計一四三校）。

では、民族学校のどこが「民族」なのか。授業の科目と教授用語を見てみよう。教授用語とは、教師が何語を使って学生に教えるか、というときの「何語」を指している。例えば、私たちが学校で英語を習っても全員が話せるようにはならないが、小さいころ英語圏の学校に転校すれば嫌でも英語を覚えるように、授業中のコミュニケーションが何語でなされているかはとくに低学年ほど重要である。カナダのバイリンガル教育（早期トータル・イマージョン）では、幼稚部や小学校低学年の授業のなかで専らフランス語を用い、中学校卒業までに段々と英語に置き換えていくことで、英語とフランス語の双方に長けたバイリンガル、バイリテラシー（二言語の読み書きができる者）を育成しているという［中島　二〇〇一：八七―一一〇］。

モン民族学校の小学校は、ビルマ語と科学の二科目のみ、ビルマ語で書かれた政府発行の教科書を用いている。一方、残りのモン語、英語、算数、歴史（モン史）、地理は、モン民族教育委員会が発行する独自の教科書を使う。そして、このうち英語テクスト以外は、全てモン語で書かれている。つまり、半分以上の科目における教授用語がモン語である。

中学校になると今度は反対に、ビルマ語、英語、数学、科学、歴史（世界史）、地理という、ほとんどの科目でビルマ政府の教科書を使用する。モン民族教育委員会発行のモン語で書かれた教科書を使うのは、モン語と歴史（モン史）

の二科目に過ぎない。なお、高校では、どの科目もビルマ政府の教科書を使っている。

このようにモン民族学校の小中学校では、教授用語をモン語からビルマ語に移行させる制度を採用し、モン語とビルマ語のバイリンガル、バイリテラシーを育成しようと試みている。もちろん、実態はより柔軟であるらしく、教師は中学校までモン語で説明しているという話もある。成果に関する研究も必要かも知れない。ただ、少なくとも、ビルマの国の中で生活する少数民族にとっては、一つの現実的な方向性が示されたと言ってよい。

そして、驚くべきことに、一九九五年、新モン国党との停戦合意の際、ビルマ政府は、このモン民族学校の一〇年生でも政府の修了試験を受験して合格すれば、ビルマ国内の大学へ進学することを認めた。事実上の公認である。二〇一四年の資料によれば、これまで、モン民族学校の学生三三〇人が一〇年生を修了したという。

これは、少数民族問題の解決を模索するなかで重要な進展と言える。モンとカレンの民族学校を比較した最近の研究では、カレン民族同盟（KNU）系の学校の場合、生徒のビルマ語能力の低さや、分離主義に基づいた教育など、国家統合との折り合いがついていないのに対し、モン民族学校については、少数民族の母語教育とビルマ国家への統合の双方を可能にする教育モデルとして肯定的に評価されている［Lall & South 2014］。

ただし、モン民族学校の運営費の多くは海外からの支援に頼っており、持続可能ではないという指摘もある［South 2003: 309］。実際は地域住民など国内の支援もあるようだが、近年はその資金不足が教員の薄給問題という形で露呈した。すなわち、公立学校の教員などビルマ公務員の最低賃金が月に一二万チャット（約一万二〇〇〇円）であるのに対し、モン民族学校教師の月給は、低いところで二万チャット（約二〇〇〇円）とも言われており、両者には大きな差がある。モン民族学校の教員は、ボランティア精神でなくては続けられないのが実情である。なお、教員のなかには公立学校とモン民族学校の間を転職する者もいる。

他に、モン民族教育委員会が運営する学校は、これら小中高の民族学校に加え、混合学校とポストテン学校がある。

混合学校とは、公立学校にモン語授業担当の教員を派遣した学校を指している。そのため、基本的には公立学校だが、モン語授業も行う、といった形になる。この混合学校は、二〇一三年度時点で、一〇五校、学生数一万六九三九人、教員数一七四人である。

ポストテン学校は、一〇年生卒業後、すなわち高卒者を対象とした、二年制の英語学校である。人数は少ないが公立学校の卒業生も受け入れている。このポストテン学校は、一年目はビルマ国内の教室で学び、二年目は国境地域のタイ側にて西洋人教師の下で勉強する。学生は、海外の大学に進学するための奨学金獲得などを夢見ている。

3　モン語の夏期講習

毎日、一万三〇〇〇人もの学生がモン民族学校の教室で席を並べる一方、その何倍ものモンの子どもたちは、公立学校の教室にて、ビルマ語で授業を受けている。彼らにモン語の読み書きを習う機会はあるのだろうか。

三～五月、学校の夏休みを利用して、児童や青少年にモン語を教える取り組みが各地で行われている。これが二つ目のモン語教育である。現在では、毎年、モン集住地域を中心に全国で五～六万人もの学生がこのモン語夏期講習に参加している。これは、ごく大雑把な推計では、成人未満のモン人口のうち、およそ五人に一人が受講していることになる。

裾野の広さに加え、モン民族学校とは重要な違いがある。それは、民族学校が世俗団体の活動であるのに対して、モン語夏期講習は仏教僧によって運営されている点である。もちろん、夏期講習に対する在家者の関与や支援は広くみられるが、全体として運動を先導するのは出家者である。教室や試験場として僧院の施設が使われることも多い。

仏教僧院で出家者が在家の子どもたちにモン語の読み書きを教える、といえば、伝統的なモン語教育を思い出すかも知れない。ただし、夏期講習はいくつかの点で新しい。一つは、公教育との共生のため、夏の期間に行われる点である。

そして、もう一つが、教科書と試験の統合発展である。後者については、管見の限り、これまで全体を見通す先行研究も詳細な資料もなかった。そのため、この発展過程を確認してみることに多少の意義はあるだろう。

発展の第一期は、教科書が作成された一九七〇～八〇年代である。この教科書は三つの地域で別々に整備されてきた。最も早いのがカレン州コピン村である。一九七〇年、村内僧院にて、仏教僧の先導の下、モン語夏期講習が始まった。初年度の修了者は、わずか二二人であったという。その後、夏期講習の教壇に立っていた在家者ペニャーサイングモン氏がモン語の教科書の作成を担当することになった。この方は、かつてウー・ヌ期に公立学校のモン語教師を務めた人物である。教科書は徐々に巻を増していき、最終的に六巻まで刊行した。この「コピン本」は、その後、郡外も含めた広い地域で用いられることになる。なお、この教科書は政府検閲を通過している。検閲の際にはビルマ語全訳を添付する必要があり、内容が削られることもあったという。

続いて、サルウィン川以北のモン州パウン郡にて、一九七五年頃から二つの僧院がモン語夏期講習を始めた。そして、その二年後には同郡内の他の僧院も夏期講習を始め、その締めくくりとしてパウン郡統一試験を開始し、今日まで続いている。文学七科目と仏教文化七科目から成るパウン郡独自の教科書も作成され、統一試験もそこから出題される。

そして三番目は、ムドン郡のカマーワック村（半池村）である。もともと、村内の各村では夏期講習が行われていたが、一九八三年から仏教僧が組織的活動として夏期講習を始める。開始当初の参加僧院は二院であったが、その後、徐々に増加し、現在は村内一一院が参加している。ここでも初年度から独自の教科書を作成し、三年後には全一三巻が完成した。この「カマーワック本」も政府検閲を通っている。そしてまた、他地域でも広く用いられるようになる。

こうして、各地、一～二院の僧院が始めた小さな活動の中から、夏期講習用の教科書が登場した。共通の教科書の普及は、後に各地各院の活動を束ねるのに役立ったはずである。

夏期講習という着想の起源は他にもあった。一九七四年、ヤンゴン、モーラミャイン、マンダレーのモン大学生が集い、そのうち一〇〇人が教師となって、夏の一か月間、五つの村で子どもや大人を対象にモン語の読み書きを教えたことがある。しかし、この活動は政府の許可を得ていなかったため、翌年は政府から禁止されてしまった。また、一九八〇年、青年僧が「モン文学教育協会」を結成し、各地のモン集落に散らばって夏期講習を始めた。この第一期は、様々な団体や地域がそれぞれに教室を開室した時期でもある。

そして、第二期は統一試験への発展期である。七〇年代から郡統一試験を行ってきたパウン郡のように、九〇年代になると他の郡でも次々と郡統一試験が始まる。今、分かっている郡統一試験の開始年は、ムドン郡一九九二年、モーラミャイン郡一九九八年、タンビューザヤッ郡一九九八年、カレン州コーカレイッ郡一九九八年、そして、チャイッマヨー郡（モン語は、チャイッキマロッ郡）二〇〇三年である。こうした統一試験では、先ほどの「パウン本」「コピン本」「カマーワック本」などが郡毎、自由に採用されている。また、部分的に、各郡独自の教科書も作られている。

さらに、二〇〇〇年からはモン語夏期講習の全国統一試験が始まる。これは、仏教僧の団体である「モン文芸・仏教文化教育協会」が主催者である。全国統一試験の科目は、各郡で教えるその他の科目よりも上位に位置づけられている。まずは各地の郡統一試験に、全国統一試験用の科目を追加してもらう。そして、郡毎に成績優秀者を一科目につき上限一五人ずつ選抜の上、モーラミャインに集めて統一試験を実施する。試験科目数は教科書（後述）に合わせた六科目である。さすが上位試験とあって、郡試験のような小さな子どもの姿はない。受験者の年齢はおよそ一二～二二歳である。

この全国統一試験用の科目として、「カマーワック本」全一三巻のなかから、六巻が教科書として選定されている。すなわち、ハンサヴァティー（ペグー）史、モタマ史、スワンナブーミ（タトン）史のモン王朝史三部作と、モン文芸史、モンの慣習、そして論蔵である。モン語の読み書きを学ぶだけでなく、内容を通して、モンの歴史や慣習、そして三蔵聖典の一部である論蔵を学習する仕組みが作られていることが分かる。

五月下旬に行われる全国統一試験の受験者数は、二〇一三年の場合、一五の郡と準郡から選抜された計九一七人であった。そして、試験後まもなく、日を改めて、各科目の成績優秀者に対する表彰式が開催される。受験者も表彰者も皆、モンの民族衣装で会場に集まる。

ちなみに、夏期講習の学生には女児の多さが顕著である。例えば、二〇一二年全国統一試験の合格者数は、男児一一二人、女児六六五人であり、男女比はおよそ六倍である。伝統的な僧院でのモン語教育が男児に限られていたのとは対照的である

こうして、ビルマでは、郡統一試験や全国統一試験が整備され、学生の勉強意欲を引き出すような制度が徐々に整えられてきた。子どもたちは、モン語の読み書きが上手になるたび、毎年、新しい教科書の学習に挑戦できる。例えば、ムドン郡なら、毎年一科目ずつ試験に合格したとして、全国統一試験の六科目を含め、全ての教科書を修了するには一三年かかることになる。もちろん、途中でやめてしまう学生も多いが、仮に五歳から始めて一三年続ければ大学生と同じ年頃である。筆者がヤンゴン外国語大学に留学していたときにも、同じ大学のモン人学生が、夏期講習の全国統一試験の成績優秀者の一人としてモーラミャインの会場で表彰されるということがあった。公的な場面での実用性を欠くにも関わらず、習い事や趣味の一つとしてモン語読み書き学習は確立しつつある。

もちろん、幼い子どもたちの習い事を決めるのは保護者の選択でもある。ここで仏教僧がモン語夏期講習を先導してきたことの重要性が分かるだろう。夏休み期間、自宅にいる子どもたちを、村の大人たちが普段から信仰し尊敬する仏教僧に預けて躾の一つでも身につけさせたいと願う保護者は多いのではないだろうか。この意味で、夏期講習は伝統的な寺弟子制度を現代風に発展させたものである。

それでは、なぜ仏教僧たちはモン語の読み書きを子どもたちに教えようと考えたのだろうか。仏教という世界宗教の担い手であり、国の枠を超えた聖典語パーリの習得に価値を置く出家者が、なぜ世俗界の政治的な問題でもある民

族語教育について、先導者の役目を引き受けることになったのか。反対に、なぜ隣国タイでは、寺弟子制度を発展させるような同様の動きが見られなかったのだろうか。

その重要な理由の一つは、出家界における教学の制度化とそこで用いる民族語の制定にある。出家界が世俗から距離を置きつつ仏教を学んでいるといっても、今では国民統合や同化の論理がその内部に入り込み、それらと無関係でいることは難しくなっている。モン僧は、タイとビルマの二国において、僧伽《サンガ》と民族語をめぐる制度化からどのような影響を受け、またいかに対応したのだろうか。そして、これまでほとんど言及されてこなかったが、モン僧伽の中で、果たしてモン語の仏教学習（教学）は生きているのだろうか。続く二つの節では、タイとビルマ、それぞれの国について、出家者を管理するための僧伽制度を確認した上で、教学に用いる言語に注目しながら、モン民族僧伽の大まかな動向を追ってみたい。また、同時に、民族僧伽というとき、言語がいかに重要な位置を占めるのかについても確認したい。

四　タイ国のモン僧伽

1　タイ国の僧伽と宗派

上座部仏教の出家者は、文字通り家を出て、僧院で集団生活を送る。結婚し家庭をもつことは絶対に許されない。飲酒も禁じられている。剃髪し、決められた三衣（黄衣とも呼ぶ）をまとうため在家者とは一目で見分けがつく。また、正午以降は食事をせず一日二食である。

出家者には比丘《びく》と沙弥《しゃみ》がある。出家式（具足戒式）を受け、はじめて正式な比丘と認められる。比丘は、二二七の戒（規則）を守りながら生活しなければならない。二〇歳に満たない者は、まだ正式な比丘にはなれないが、一〇戒を守る沙弥として出家することができる。一方、女性は、年齢に関わらず、正式な比丘尼として出家することは公式には認められていない。しかし、同様に剃髪し、女性出家者同士で集団生活を送りながら修行に励んでいる。なお、本書は男性出家者のみを対象とする。

比丘の集団は僧伽と呼ばれる。地続きである東南アジア大陸部は、今や国境線によって隔てられ、世俗国家の影響の下、僧伽も国ごとに組織されたり独自の規則が設けられたりして、「タイ僧伽」や「ビルマ僧伽」という枠組みが実体をもつようになっている。

タイ僧伽の内部には二つの宗派が公式に認められている。実は宗派と呼ぶほど思想的な違いはないことから、専門的には教派や派閥と言われることが多い。英語でもどのように呼ぶか議論が分かれる。本書では読み易さを優先して、宗派と呼ぶことにしたい。この宗派のことをタイ語ではニカーイと呼んでいる。これはパーリ語のニカーヤを語源とする。

さて、二つの宗派はどうやって生まれたのか。簡単に言えば次の通りである。ラーマ二世の崩御に際して、正王妃の王子であったモンクットは、側室の王子である異母兄（後のラーマ三世）との王位継承争いを避けるために仏門に留まる。そして、そのまま、ラーマ三世が亡くなるまでの二七年間、僧院で比丘として過ごすこととなる。このモンクットが、後に王位を継ぐラーマ四世（在位一八五一～一八六八年）であり、タイでは上映禁止の映画『王様と私』や『アンナと王様』のモデルになった王である。モンクットはこの長い僧籍時代に、在来の僧伽が堕落していると考え、より戒律を遵守する清く正しい出家生活を目指した。これがタンマユット運動であり、この流れを継承するのが現在のタンマユット派である。一方、在来の僧伽の系譜にあるのが、「大きい派」を意味するマハー・ニカーイである（以下、マハー派）。タンマユット派を厳格派、マハー派を在来派と呼ぶことも出来る。これがタイの公認二派である。成員数は、タンマユット派比丘が三万三一八九人（比丘全体の約一一％）、マハー派比丘が二五万六八二六人（同、約八九％）であり、前者の方がずっと少ない（二〇一五年の国家仏教事務所資料）。

なお、このタンマユット運動が本格化する以前、モンクット比丘はモン僧伽と交流を持ち、その影響を受けたという話が伝わっている。例えば、モンクット比丘は、自らの出家式を確実にするために、モン僧一八人の下で再出家式（ダルヒーカンマ）[23]を受けた。また、僧衣のまとい方もモン式を採用したという［บุญช่วย 1979: 90-94］。

現在のタイ僧伽は、国家法に基づいて、一つの組織にまとめられている。そして、その最高機関である大長老会を除き、地方統治はタンマユットとマハーの二派別々に行われている。ちなみに、タイ僧伽組織のトップには大きな権限を有す僧伽王（法王）が置かれ、大長老会議長も兼任しているが、その所属宗派はどちらでも良い。一九八九年から二〇一三年の逝去までその地位にあった前僧伽王はタンマユット派である。

このタイ僧伽を組織する制度は一九〇二年の僧伽統治法に始まる。この法は、地方統治を別々の系統で行う公認二派制度をはっきり規定していた。その後、僧伽法は、一九四一年法、一九六二年法、一九九二年の一部改正（現行法）と、数回の新法制定および改正を経るが、そのいずれも二派制度を法的に定めていない。しかし、現在も、右記のような二派別々の地方僧伽統治が行われている（一九六三年以降は大長老会令が二派制度を定める）。

ところで、この一九〇二年の僧伽統治法ができる前のタイには、三つの宗派があったとも言われる。一九一四年、当時の僧伽王であり、ラーマ五世王の異母弟でもあったワチラヤーン親王比丘は、次のように述べている。当法制定以前のタイには、「マハー派、タンマユット派、ラーマン派という三つの宗派があった。マハー派は、タンマユット派成立以前からある在来の僧を指す。タンマユット派は、マハー派から分かれた僧であるが、ラーマン派で具足戒を受けた僧の伝統をひいている。ラーマン派は、ラーマン国の血脈をひく僧であり、基本的にすべてラーマン人から構成される」［เมธาธิบดี, พระยา 1914/1915: 1-2］（翻訳は次を参照［石井　一九七五：三七二―三七三］）。既に想像がつくかも知れないが、二派と並ぶもう一つの宗派、「ラーマン派」とは何か。

2 ラーマンニャ・ニカーヤとは何か――一九世紀末のモン僧伽

モンのことをパーリ語で「ラーマンニャ」と呼ぶ。ここに宗派を表すニカーヤがつけば、「ラーマンニャ・ニカーヤ」(タイ語の発音では「ラーマン・ニカーイ」)、すなわち「モン派」を意味する。つまり、二〇世紀初頭の僧伽王は、僧伽統治法ができる前には、モン派も存在したと述べている。言いかえれば、二派制度を定めた僧伽統治法をもって、モン派は廃止されたということである。それでは、ラーマンニャ派とは一体何だったのか。

まず、民族の宗派(民族派)であるということがどういうことなのか簡単に確認しておきたい。厳格派のタンマユット派は、「私たちのやり方こそ清く正しい」と考えるため、マハー派と羯磨(かつま/こんま)を共有しない。羯磨というのは、僧伽が必ず行わなければならない共同儀礼のことである。例えば、出家式(具足戒式)や、満月と新月に二二七戒を誦出する布薩などがある。

これに対して、民族の宗派とは、パーリ語誦経を唱えるときの発音が異なるために、羯磨を共有することが困難であることから生じる。例えば、タイ、ビルマ、モンの僧は、同じパーリ語文でも、それぞれの文字の読み方に基づいて異なった発音で誦経するため、どちらかが他方に合わせない限り、一緒に羯磨を行うことが難しい。いわば、羯磨を意図的に共有しないのが厳格派であり、結果として共有しないのが民族派と言える。(24)

さらに、ラーマンニャ派は、誦経発音の違いに基づくだけでなく、一九世紀末のタイ僧伽組織制度内に組み込まれていた。すなわち、タイにおける僧伽の管理単位は「カナ(P. gaṇa)」と呼ばれるが、一九世紀のタイには「カナ・ラーマン」(モン管区)が設けられ、形式上、全国のモン僧伽をまとめていた。そして、この管区を統治する長として、ラーマ一~五世期の間に、少なくとも、歴代五名のモン管区長(チャオカナ・ラーマン)がいたとされている。独立した単位として、全国規模の「カナ」が公的に設けられていたのは、少数民族の僧伽としては唯一の例外である。

ただし、一九世紀末の各僧院や地域僧伽は今より自立的であった。各地方国のモン僧院も、モン管区長の命令を聞かずに、北や南の大管区に所属していたという。僧伽王のワチラヤーン親王比丘は、これを理由に、一九〇二年の僧伽統治法でラーマンニャ派は一つの統治単位として認められなかったと説明している。

3 ラーマンニャ派の衰退

一九〇二年以降の僧伽統治制度での非公認に加え、ラーマンニャ派の衰退には、もう一つ重要な契機がある。それが出家者を対象とした、国の教学試験（パリヤン）である。

パリヤン試験は、伝統的にはパーリ語をタイ語に翻訳させる口述試験であった。その後、筆記試験が一九一三年から漸次開始され、一九一七年には九段制全階級のカリキュラムが整備された。同時に、旧式の口述試験は全廃されている［石井 一九七五：一六八―一八六］。

かつて、このパリヤン試験とは別に、「パリヤン・ラーマン」なるパーリ語をモン語に翻訳する口述試験が存在した。このパリヤン・ラーマンは、当初、三段制、後に四段制となり、最高位の四段はパリヤン・タイの五段と同等と見なされていた。しかし、このパリヤン・ラーマンは、一九一一／一九一二年に廃止される。ワチラヤーン親王比丘は、モン僧の教学が衰退していること、そしてタイ生まれにも関わらずモン僧のタイ語が下手であることを理由に、パリヤン・ラーマンを廃止すべきだと考えていたらしい［บุญช่วย 1979: 149-156］。

さらに、この時期以降、三級制の「ナク・タム」と呼ばれる仏教試験が整備されていく。パリヤン試験がタイ語とパーリ語間の翻訳試験とされるのに対し、ナク・タムは仏教教理に関する試験である。これらタイ語を必要とする二つの教学試験が重要性を増すにつれ、弾圧よりも自発的なタイ化の促進を通して、モン語教学はその意義を失っていった。北タイの僧伽（ユワン派）も、同じような過程を経てタイ僧伽へ同化されていったとされる［Keyes 1971］。

誦経発音のタイ化は、この二〇世紀初頭の僧伽改革期より、もう少し遅い時期に浸透した可能性が高い。七本村の例を見てみよう。かつて七本村の僧院における誦経は全てモン式発音であったが、一九六〇年代あたりからタイ式誦経を新人出家者に教えるようになったという。布薩は、かつてモン式発音のみだったが、一九五〇年代末あたりからタイ式とモン式を布薩日が来る毎に交互に唱えるようになり、現在ではタイ式発音のみで実施するようになっている。出家式（具足戒式）だけは例外であり、少なくとも一九五〇年代の時点でタイ式発音による実施の方が多かったとされるが、それ以外の誦経実践は一九五〇〜六〇年代あたりを皮切りにタイ式へと徐々に置き換えられていったことが分かる。これは、一九五〇年代半ば、寺弟子へのモン文字教育が廃止された時期とも重なる。

現在、七本村僧院の出家者は、モン式に不慣れな新入出家者への配慮から、タイ式発音での誦経が増えている。反対に、布薩日に僧院で寝泊まりする篤信の年配在家者たちの誦経は現在もモン式の方が多い。そのため、この村では、出家者がモン式誦経の伝統を牽引するのではなく、在家者の方がモン式誦経にこだわるという構図になっている。

4　ラーマン・タンマユットとは何か

ところで、研究者にもほとんど知られていないが、近年までタンマユット派内部に存在した、ラーマン・タンマユットなる宗派がある。この宗派は、一八九七／一八九八年、当時のモン管区長（戦勝寺住職）への従属に不満をもったモン僧たちが、タンマユット派に出家し直したことに端を発する。しかし、ワチラヤーン親王比丘は、正規のタンマユット派とは認めようとしなかった。正式にタンマユット派所属とされたのは一九五二年である［บุญช่วย 1979: 106-109, 126-128］。

ただし、このラーマン・タンマユットは、その後も、一般のタンマユット僧とは羯磨を共に行わなかった。また、モン僧同士でも、ラーマン・タンマユットと、マハー派では、やはり羯磨を共に行わないようになって久しい。さらに重要なことに、ラーマン・タンマユットでは独自の出家式（具足戒式）を行ってきた。当派は出家式の過程に必要なパーリ語（白四羯磨の箇所など）をモン式とタイ式の両方の発音で順に唱える。そして、この特殊な出家式を執り行う授戒師の任命のために、「カナ・ラーマン・タンマユット委員会」という当派独自の組織を設けていた。まずは、この委員会に認められてから、正式にタンマユット大管区長名による授戒師の認定を得る必要があった［บุญช่วย 1979: 137-139］。

こうして、独自の出家式の系譜を維持してきたラーマン・タンマユットであるが、二〇〇二年にタンマユット側に統合され、右記の委員会も廃止されることとなった。当派の関係者によれば、以前からタンマユット派へ統合を勧められてきたが、このときまでラーマン・タンマユット側は同意しなかった。しかし、このままだと、若い次の世代の僧がタンマユット派僧と羯磨を共有できずに困るだろうとラーマン・タンマユット側も統合を決めたのだという。

この統合は、タンマユット派の本山であるボーウォーンニウェート寺にて、再出家式（ダルヒーカンマ、本書注23参照）を通して行われた。裏返せば、こうしてわざわざ儀礼を行うほど、羯磨におけるラーマン・タンマユットの独立性が高かったということである。ただし、この再出家の際、法臘《ほうろう》を数えなおす必要はなかった。法臘というのは、正式な比丘になってからの出家年数のことであり、僧伽内の序列を定めたり、授戒師となる条件となったりする重要な要素である。この統合時のラーマン・タンマユット派の規模は、全二七僧院（計八県）、比丘数二三一人であった。ただし、この後も、今日までラーマン・タンマユット派は年次集会を開き、また、一部僧院（約九～一〇院）では、具足戒式をタイ式とモン式の両方で誦出する実践を続けているという。筆者も実際にこの出家式を見たことがある。

これは例外的な事例である。ラーマン・タンマユットを除いて、マハー派、タンマユット派共に、モン式誦経の出家式を今も続けているモン僧院が他にもあるという話は聞かない。ラーマン・タンマユット派の師僧でさえ、自分たちがモン式誦経を唱える最後の世代になるかも知れないと述べている。

以上のように、言語を中核とするモンの民族僧伽は、二〇世紀初頭の僧伽改革を皮切りに、およそ一世紀をかけて徐々にタイ僧伽へと同化されていった。かつてのようなモン語による仏教学習の伝統は今では既に廃れている。現在は、部分的にモン式誦経が残り、昔の面影を伝えるに過ぎない[25]。こうした出家界の状況では、在家児童に対してモン語読み書きを教えるなど考えも及ばないことであろう。

それでは、隣国ビルマのモン僧伽の現状はどうであろうか。ビルマ僧伽に同化する可能性はあるのだろうか、あるいは、そうした同化の契機に対抗する術を持っているのだろうか。

五　ビルマ国のモン僧伽[26]

1　ビルマ国のラーマンニャ・ニカーヤ

ビルマもタイと同じように、国家僧伽が組織化されている。また、公認宗派が定められ、その内訳は、成員の多い在来派（全体の約八八％）と、成員の少ない厳格派諸派（約一二％）であり、それぞれ地方統治に限って自派管理が認められている、という点もタイと共通する（宗派別比丘数は一九九四年の宗教局統計より）。

ただし、重要な違いもある。まず、タイが一九〇二年の国家法によって国家僧伽の一元的な組織化に着手したのに対し、ビルマが国家僧伽機構を制度化したのは、タイに遅れること三四半世紀後の一九八〇年であった。また、このとき同時に、在来派（トゥダンマー派）と、八つの厳格派が公認されており、公認宗派の数はタイよりずっと多い。そして、英領期に廃止された僧伽王の制度も復活することはなかった。こうした公認宗派の多さや僧伽王の不在については、世俗権力からも、各宗派としても、比較的、自立的な傾向の強い僧伽に対して、ビルマの世俗国家が、大きな反発を呼ばないように気を配りながら、何とか一つの組織にまとめたという印象を受ける。これは、当時のビルマが、国家法ではなく僧伽の内部規則として、国家僧伽の組織化や公認九派制度を定めた点からも窺うことが出来る。なお、ビルマでは、公認九派を示す「宗派」として「ガイン」、すなわち、タイ語の「カナ」と同じパーリ語語源の言葉が使われている。

それまでのビルマには、これら公認宗派以外にも数多くの宗派があった。一九八〇年に始まった公認九派制度は、これら非公認の宗派を、在来派へと統合することを意味した。そして、これ以降、民族派を含む新たな宗派の設立も禁止された。一九九〇年には僧伽組織法という国家法が制定され、宗派の新設に罰則規定が設けられた。

ところが、ヤンゴンに足を運ぶと、「ラーマンニャ・ニカーヤ」と書かれた看板を掲げるモン僧院を目にする。もちろん、民族派であるラーマンニャ派は公認されていない。このラーマンニャ派は、全ての成員を管理する仕組みをもち、管長をはじめとする指導層が当派を代表する権限を有している、というわけではない。一方、独自の誦経発音があるのみで、当派僧全体を結びつけるような社会的な実体が全くない、というわけでもない。およそ、その中間である。

まず、確認しておくべきは、ビルマのモン僧院では、現在もモン式誦経が一般的であるという点である。もちろん、ビルマ式誦経もできる「バイリンガル」な出家者も多いが、いずれにせよ、出家式や布薩のモン式誦経が途絶えようとしているタイとは対照的に、ビルマのモン僧伽には、独自の羯磨に基づく民族派としての実体が今も備わっている。

このラーマンニャ派を、地域を跨いで束ねているのは、ラーマンニャ派教学協会という出家者団体の主催による、当派の僧全てを対象としたモン語の教学試験である（写真6）。二〇一四年には、合計一七九三人（比丘、沙弥の他に、およそ八〇人の女性出家者含む）が受験しており、毎年、教学に勤しむ当派の若い出家者たちが一堂に集う一大行事となっている。ただし、この教学試験自体はそれほど古いものではなく、およそ三〇年前に始まった比較的新しい試みである。

写真6　ラーマンニャ教学協会の試験

ところで、同じ民族だからといって、会ったこともない者同士が連帯するとは限らない。むしろ、個人的な紐帯や郷土愛が、民族に優先することの方がよっぽど自然に思える。それでは、どのようにして、このラーマンニャ派試験は、多くの受験者を引き寄せる民族的な行事へと発展したのだろうか。

ここで、ビルマの国家教学試験におけるモン僧伽の特別扱いを確認しておこう。ビルマには、国家試験と、民間試験の双方を含め、数多くの教学試験がある。そのなかでも、出家者が受けるとくに重要な国家試験として、「パタマビャン試験」（初級、中級、上級の三階級制）と、それに合格した者が受ける上位試験の「講師試験」（P. dhammācariya）の二種類がある。どちらも聖典に基づく仏教知識やパーリ語能力を問う試験である。通常、この試験に必要な言語はビルマ語とパーリ語である。または、パーリ語のみで受験することもできる。これに加えて、モン語とパーリ語を使った受験が認められている（以下、モン語受験と呼ぶ）。受験で使用できる言語はこの三言語のみである。

なぜ少数言語のなかでモン語だけが認められているのか。詳しい経緯をまだ明らかに出来ていないが、パタマビャンと講師試験のいずれも、モンの僧伽や高僧からモン語受験の要請があったようである。パタマビャン試験をモン語で受験できるようになったのは一九一五年からと考えられている。当時は英領期であり、それから現在まで一世紀以上、モン語受験が続けられてきたことになる。上位の講師試験も、一九五八～五九年頃から、モン語受験が認められている。

ところが、一九八〇年、国家教学試験にビルマ語能力試験を導入することが決まる。教学聖典の学習を向上させるには、パーリ語とビルマ語の二言語に精通する必要があるというのがその理由であった。これは全国僧伽の代表による全派僧伽大会の決定だが、多数派ビルマ僧の悪意なき自民族中心主義が教学試験に反映されてしまったように思える。

この影響を直接被ったのがモン僧伽であった。これまで、モン僧は母語とパーリ語で仏教聖典を学んでおり、高度のビルマ語読み書き能力は必須でなかった。また、この後も国家教学試験そのものは引き続きモン語受験が可能であった。しかし、ビルマ語能力試験一科目が導入されたことは、ビルマ語読み書きに長けていなければ、国家教学に合格できず、学僧として公的に認められないという点で、モン僧にとって大きな転機となった。

一部のモン僧伽は、この教学試験のビルマ化を認めようとしなかった。一九八四年頃、パタマビャン国家試験にビルマ語能力試験の一科目が追加されると、多くのモン僧たちが当試験に対するボイコット運動を開始したと言われている。

どうやらボイコット運動には一定の効果があったようである。一九八九年五月、国家僧伽の最高機関である大長老会は、モン教学僧院の僧たち九名と協議の場を設けた。そして、その結果、一九九〇年のパタマビャン初級のビルマ語能力試験をモン語訳し、モン僧はそれをモン語によって解答できることが決まった。つまり、ビルマ語の代わりにモン語能力試験を受けても良いということである。パタマビャン中級と上級に関しては、やや遅れ、それぞれ一九九四年、一九九八年からモン語能力試験が導入されている。これを受けて、モン語能力試験が容認された階級から、ボイコット運動は廃止され、運動に参加していた僧たちは国家教学試験を再び受験するようになった。

ところで、国家教学試験に対するボイコット期間中、青年僧たちは、教学の実力を試したり、公的に評価されたりする重要な機会を失ったはずである。これでは毎日の研鑽に力が入らなくなってしまうかも知れない。こうしたリスクを覚悟の上でボイコット運動に臨むモン僧たちの教学を支えたのが、ラーマンニャ派教学協会主催の教学試験である。

ラーマンニャ派教学協会は、三蔵聖典のモン語訳出版を行っていた組織によって、一九八一年に設立された。当協会の活動目的は、協会独自の教学試験を毎年開催することである。もちろん、設問と解答にはモン語とパーリ語を用いる。ただし、独自試験といっても、国家教学試験の合格を目指すための、いわば模擬試験である。

ラーマンニャ派教学協会の試験は一九八三年に開始された。しかし、開始初年度の受験者は少なく、一〇〇人あるいは五〇人にすら満たなかったとも言われる。ところが、その後、パタマビャン国家試験へのボイコット運動が一〇年以上続いた間に、教学協会の試験が、広く尊敬を集め、「ラーマンニャ僧にとって欠かせない」ものになったと、教学協会役員はその著作の中で述べている。これが事実なら、ラーマンニャ派教学協会の試験が国家試験の代替としてボイコットを支え、同時に、ボイコット運動が教学協会試験の威信を高めたことになる。こうして、今日まで、この教学協会の試験がラーマンニャ派を継続的に結びつける結節点となっていった。

2 ビルマ国のモン厳格派

ラーマンニャ派の雨安居僧籍登録表（二〇〇七年）では、僧院七七四院、比丘四〇一五人、沙弥四四七一人が数えられている。これは、当派僧の某団体が作成したものであるが、そもそも「ラーマンニャ派」というのは属性であり、統一された組織を欠くなかで、「我々」の民族派を可視化させようという試みとして興味深い。ところで、これはビルマ国内のモン僧全てを含んでいるわけではない。どういうことか。

ラーマンニャ派の出家者とは、公的にはビルマの在来派であるトゥダンマー派所属のモン僧を指している。しかし、この在来派には属さない、厳格派所属のモン僧がいる。その二つのモン厳格派僧たちが右記の登録表から外れている。

その一つが、マハーイェン派である。当派の構成員は全てモンの出家者であるが、厳格派八派の一つとして公認を受けている。マハーイェンというのは、タイ国サムットサーコーン県出身のモン僧の名前である。一八七四／一八七五年頃、マハーイェン師がモーラミャイン市近郊のガドー村を一人遊行に訪れ、そこで在家者や出家者の帰依者を得て一派を成したのが当派の始まりとされる。マハーイェン師は、一九〇八／一九〇九年にタイへ帰国するまでの間、定期的な教学試験（筆記）を実施したり、仏教関連書籍を出版したりと、精力的に活動した。なお、マハーイェン師はタイ国のタンマユット派僧であったため、当派はダンマユッティ・ニカーヤとも呼ばれる。二〇一二年、当派の雨安居登録表によれば、僧院七七院、比丘四六九人、沙弥三六九人が所属している。

マハーイェン派は、歴代管長を有し、多くは自派内の教学僧院で教学を自足するように、もともとまとまりの強い宗派である。また、経を空で唱えられるか、その腕前を試す暗誦試験を自派内で一〇〇年以上前から続けている。これに加え、マハーイェン師がタイに戻った後、廃止されていた自派内の筆記試験が、一九八五年に復活する。これは、前年のラーマンニャ派教学協会試験の開始に触発されたものだろうと思われる。なお、このマハーイェン派の教学試験（筆記）の科目は、国家試験と同じであり、その模擬試験としても機能している。

それでは、なぜモン僧伽は、宗派を超えた民族僧伽としての統一教学試験を実施しなかったのか。まず、厳格派は、本来、自分たちの方が在来派よりも正しいという認識に基づいて結成された集団である。そのため、厳格派と在来派の間には、関わりを避けるような傾向がもともと見られるようである。しかし、それだけではない。一九八四年頃、国家教学試験にビルマ語能力試験が導入されたとき、マハーイェン派と、後述するシュエジン・モン派のモン厳格派二派は、ボイコットに同調せず、引き続き国家教学試験に参加した。これが今でもモンの厳格派と在来派の間の調和を妨げている。

もう一つのモン厳格派はシュエジン・モン派である。当派は公認厳格派八派のうち最大のシュエジン派内部に所属するモン出家者のグループである。そのため、公的にはシュエジン派に属している。シュエジン・モン派という一つの宗派としては公認を受けていない。また、同じモン厳格派として、マハーイェン派とは近しい関係にある。このシュエジン・モン派も、他のモン僧伽二派の動向を意識して、一九九八年から自派教学試験を毎年開催するようになり、一つの宗派のようなまとまりを見せるようになった。二〇一一年、当派独自の雨安居登録表では、僧院七一院、比丘四九七人、沙弥三二五人が数えられている。

前節で見たように、タイでは教学にタイ語が必須となり、モン僧伽も徐々にタイ化していった。もともとタイとビルマのモン僧伽は、僧院での共住生活に必要な口語や、教学に用いる文語、文字の読み方に由来する誦経発音、それに基づく羯磨の独自性など、言語を核とした民族僧伽として両者に大きな違いはなかったはずである。これが、タイでは、パリヤン・ラーマンという口述試験の廃止と、モン管区の廃止によって制度的な公認を失い、これを端緒に民族僧伽としての実態もまた失われていった。一方、ビルマでは、国家教学試験におけるモン語受験の容認があり、また、モン式誦経の継続という点でも民族僧伽としての実態を維持し続けた。ただし、元から地域を越えて社会的に強く結束していたわけでも、民族宗派として全国規模の組織的管理を行ってきたわけでもない。むしろ、僧伽への管理が強化された一九八〇年以降、ビルマ語能力試験の導入に反発し、独自試験を始めたラーマンニャ派の動きが大きな契機となって、国家制度の外で、自らを制度化しようという傾向が強まったものと思われる。こうして、ビルマのモン僧伽は、民族語へのこだわりをきっかけに、三派それぞれが自派教学試験を核として、まとまりを形成あるいは強化することになり、タイのモン僧伽とは正反対の道のりを歩むことになった。

これらの動向とモン語夏期講習との接点はあるのだろうか。例えば、コピン村の僧院にて、夏期講習の開始と教科書の作成を指導した仏教僧は、ラーマンニャ派教学協会と実質同組織とされるラーマンニャ法師協会の役員としても活躍している。ただし、全体的な繋がりは今のところ分からない。推測の域を出ないが、一九八〇年代のビルマ語能力試験やボイコット運動が、モン僧の間で母語への自覚を高め、さらにラーマンニャ派教学試験が地域を超えたコミュニケーションを促したことで、夏期講習が統合試験へと発展する契機となった可能性はあるだろう。

おわりに

本書を通して、少しはモンを歴史の中から引っ張り出すことが出来ただろうか。モン語の史料はタイ語やビルマ語よりもずっと古い。しかし、現在のモン語は少数言語である。タイやビルマでは先住の文明人として印象が良いとしても、公用語に準じた扱いどころか、世俗社会での使用にはほとんど公的な価値が与えられてこなかった。

モン語は、少数言語教育に消極的なタイとビルマの二国において、最も同化に近く、かつ最も自言語の発展に近い言語として、その教育運動は対照的な運命を辿ることになった。産業発展や学歴社会の浸透によって同化への誘因力が強いタイでは、一部の国境地域を除き、モン語は他の少数言語に先駆けて、まさに今、後戻りできない話者消滅への道を進んでいる。そうしたなか、各地で私塾としてのモン語教育が始まったものの、どこも学生不足に直面することになった。タイ国モンの民族運動は、ナショナルデーなどの舞台芸術を中心とした民族行事を開催することには積極的である。しかし、全体として、次世代を育てる教育に国家が関与する過程を敏感に感じ取るような、そうした近代的な民族感覚を欠いており、タイ語の覇権に抗するための有効な対策を打ち出すこともなかった。古くから文字文化を伝え、言語的均質性が高くとも、その教育の制度化なくして存続不可能な言語があることを、モン語の事例は示している。

こうしたなか、教育省や研究機関の関与する少数言語教育プロジェクトがモン集落でも始まり、公教育でのモン語教育が新たな展開をもたらすかと思われた。しかし、プロジェクトは、書記体系のあるモン語にもタイ文字化を推奨し、少数言語教育と国民統合のうち、両者のバランスを取れずに、後者を優先させることになってしまった。

もともとモン語の読み書きは仏教僧院のなかで伝えられてきたことを思い起こせば、その教育の機会が失われたきっかけは、教育機関としての役割が僧院から学校へと移行したことであった。しかし、一方で、僧院のなかでも、モン語の読み書き教育や、モン語を使った教学、モン式誦経は徐々に失われていった。この原因としては、二〇世紀初頭におけるモン語の教学試験（口述試験）の廃止が、その公的意義と実践を奪った点において重要な契機であった。

もし政治的な正当性を重視すれば、国はモン民族を画定した上で、その言語の存続を可能にする教育制度を採るか、それともタイ化を受け入れるのか、彼ら自身に選択させる制度や機会を設け、その意見を尊重すべきなのかも知れない。この文脈に限って言えば、民族意識の流動性を持ち出して、近代的な民族観を批判することにほとんど意味はないだろう。

一方、ビルマでは、自助努力および国の政策という両面からモン語教育が制度化されてきた。他の少数民族もまた、民族学校や夏期講習といった同じような制度を持つことが部分的に知られており、自助努力としてのモン語教育もそれらと相互に影響を与え合いながら展開してきたと思われる。ただし、モンの場合、特徴的なのは国の制度との共存を実現してきた点である。少数民族の武装勢力の多くは、九〇年代以降、ビルマ政府との停戦協定を結んできたが、国家を全面的に信頼して武器を置くことは当面なさそうである。こうして出口の見えないなか、モンの反政府武装勢力は、モン語とビルマ語のバイリンガル、バイリテラシー教育制度を実施してきた。このモン民族学校という制度は、停戦を期に国から事実上の公認を受けて既に二〇年が経つ。こうした少数言語とビルマ語が対等な扱いを受ける教育制度は、少なくとも少数民族運動家と国家の双方が共存を求める場合、一つの打開策となる可能性がある点で、当国の多言語教育のモデルとして、今後、さらに関心を集めることが予想される。

ただし、民族学校をはじめとするモン語教育成功の背景には、仏教僧の存在が欠かせないというのが本書の主張である。学生数としては民族学校よりビルマの公立学校に通うモン児童の方が多いなか、仏教僧の先導する夏期講習は、より裾野の広いモン語教育を実現している。もともと個別の僧院の小さな取り組みから始まった夏期講習は、伝統的な僧院教育の現代版として各地域で生まれ、拡大し、根付いていったものと思われる。そして、九〇年代以降は、一〇年以上学べる階級制度を持った統一試験など、学生の学習意欲を引き出す仕組みを整えながら発展してきた。また、この統一試験以前から地域ごとに共通の教科書が普及し、教科内容の統一が始まっていたことも重要な経緯である。

そして、仏教僧が夏期講習を牽引した背景には、ビルマのモンの学僧たちが、今でも教学にモン語を用いていることを忘れてはならない。世俗の児童に対するモン語教育が一定の成功を収めているとは言え、実用性という面で出家界のモン語教学に勝るものはない。隣国のタイでは、統治組織や言語、誦経といった多くの面で、モン僧伽は国家僧伽に同化されようとしている。これとは対照的に、ビルマの国家教学試験では、モン僧伽の要望が受け入れられ、植民地期から今日までモン語受験が認められてきた。この事実は注目されてこなかったが、多言語主義を採らないビルマにおいて、少数言語の公的な使用を認める例外的な国家制度として重要である。

ただし、モン語の教学に関わる自助努力としての制度化も並行して見られた。一九八〇年代、国家教学試験にビルマ語能力が導入された際、ボイコット運動とラーマンニャ派の教学試験が相補的に展開し、さらに、ボイコットに参加しなかったモン厳格派二派も触発されて自派教学試験を開始することになった。つまり、教学試験のビルマ化が、むしろ、モン各派ごとの社会的結びつきを強化するような試験制度をもたらしたと言える。また、この自派試験は国家試験の模擬試験である点で、ここにも共存の模索を見ることが出来る。こうした国および自助努力による教学制度に支えられた僧伽内におけるモン語読み書きの実用性があるからこそ、モン民族学校や夏期講習の試みもまた、学生や保護者が「なぜ今さら少数言語となったモン語を勉強するのか」と悩むことなく、一定の支持を獲得できるのではないかと思われる。

さて、少数言語は存続すべきなのだろうか。それは、結局のところ話者自身に存続させたいという意志があり、それに基づく行動を起こすかどうか次第である。その上で注意すべきは、ビルマでのモン語教育運動が、モンの人々全体の意志や希望かどうかは分からないという点である。むしろ、この運動は「我々モン」に対して「我々の言語」の存続を訴えて行動を起こさせることが一つの目的である。そうしたなか、夏期講習の統一試験やモン僧伽各派の教学試験は、この「我々モン」という抽象的なイメージを定期的に具体化する制度として機能してきた。存続すべきかどうか、それは今後も議論や運動を通してまずは彼ら自身が決めていくことであり、その意味で言語教育運動の動向が注目される。

以上、近代を生きる民族について、その言語教育をめぐる制度化を軸にモン語教育の実態を見てきた。ただし、制度化の議論とは直接関係ないことから、今回は詳しく取り上げられなかったモン語教育もある。それが、タイとビルマの二国の狭間に置かれたモン語教育運動である。最後に、この事例について一言触れて本書を閉じたいと思う。

タイ国内には二〇一四年時点でビルマ国籍の労働者が九〇万人以上いる。これは合法的な就労者であり、この他に多くの不法就労者がいるとされている。そして、無就学や児童労働といった、彼らの子どもたちに対する教育問題もまだ解決されていない。そうしたなか、公立学校や支援団体などが外国人労働者の子どもたちに教育の機会を提供してきた。さらに、これらとは別に、ビルマ国籍のモン人たち自身が運営し、自言語を教えてきた独自の教育センターもある。サムットサーコーン県のある教育センターは、二〇〇四年に開所し、モン語とタイ語、さらに最近はビルマ語を加えたトライリンガルの児童を育てようと試みてきた。教師には、ビルマ国籍のモンとタイ国籍者を雇用しているため、モン語とタイ語は教授用語としても用いられている。今は、毎年、およそ一〇〇名弱の学生が通学している。

モン語教育が上手くいかないタイにおいて、このセンターは、全日制の学校として一〇年以上、モン語教育を続けてきた稀有な成功例である。この背景として、第一に、タイ国内にありながら、ビルマからのモン人労働者の子どもはモン語話者であり、また、教師も出家時などにモン語の読み書きを学んでビルマ側のモン語教育の影響を受けてきた点が挙げられる。第二に、外国人労働者の子供たちは、タイの児童と異なり、公教育の対象として真剣に扱われて来なかった面がある。ある意味、国の制度化からこぼれ落ちて来たからこそ、自主的な教育活動が可能になっている。第三に、越境労働によって成功を手にしてきた彼らの論理に基づけば、そもそも学歴そのものに価値がないという側面がある。そのため、学歴とならないモン教育センターに子どもを通学させても問題ない。第四に、越境者である彼らにとって、タイ語とモン語、そしてビルマ語の全てを習得できる多言語教育は有益である。以上は、センターの教師への聞き取りや現場の状況に基づいた推測であり、十分な調査の結果ではないが、モン語を使う教育機関として長い間、存続出来た理由としては、かなり妥当であると思う。

ところで、二〇一〇年に書かれたある教育学の論文は、このセンターを公教育の外という枠組みで議論し、少数言語教育に対して何の評価も与えなかった［野津 二〇一〇］。しかし、公教育以外を不就学問題として切り捨てるのはあまりに一面的ではないだろうか。タイ公立学校は、タイ語至上主義から抜け切れず、外国語はともかく少数言語への関心は総じて低い。もちろん、教育の質や修了証の問題は重要であるが、将来暮らす国すらどうなるか分からない外国籍の児童をめぐって、多言語教育のもつ可能性が、なぜこうも簡単に無視されてしまうのか。このセンターについて言えば、学生はもともと多言語環境で育っており、むしろ、多言語教育は、学生の潜在能力を伸ばす実践としても注目に値する。そして、本書の文脈に位置づければ、モン語教育の難しいタイにおいて、しかも、ビルマの制度化されたモン語教育の外側にありながら、一校の努力としてモン語教育を続けている貴重な事例である。

このモン語教育センターが何とか活動を存続できているのは、タイ国のモン僧の支援によるところが大きい。これまでセンターの一部が公立学校に併合されたり、運営資金が不足して教師に給与が払えなかったりと、大きな問題に直面しながらも、独自の多言語教育の方針を変えずに運営できたのは、モン僧院住職の後援があるからに他ならない。この僧院は、教育センターを支援するだけでなく、モンの外国人労働者の信仰を集め、その仏教実践の拠点の一つとなっており、人々を分断することもある宗教や民族が、ここではタイ国籍者と外国人労働者の間にある深い溝を橋渡しする役目を果たしている。そして、二〇一六年には、僧院の支援を得て、その敷地内に立派な新校舎が完成し、これまで教育センターに二室しかなかった教室が四室に増えることになった。こうして、この教育センターでは、かつてタイで見られた仏教僧とモン語教育の結びつきが、形を変え、外国人労働者の流入によって再び息を吹き返している。

注

（1）事例僧院では、公立小学校を卒業あるいは中退した後、こうした寺弟子となる。寺弟子から、そのまま沙弥（第四節1参照）として出家する者もいる。ところで、ビルマには、公教育カリキュラムを採用する僧院学校もあるが、この事例僧院はそうした制度とは無関係である。なお、「寺弟子」は、モン語やタイ語の表現に基づいた訳語である。

（2）現在のタイ王国の国名は、一九三九年まで、そして、一九四五年から一九四九年までの間、「シャム」である。ただし、本書は「タイ」に表記を統一する。一方、現在のミャンマー連邦共和国は、一九八九年から英語の国名をこれまでの「バーマ」から「ミャンマー」に変更している。本書では、「ビルマ」に表記を統一する。

（3）ビルマ国のモン人口（八二万六八〇一名）は一九八三年の国籍調査に基づく。二〇一四年国籍調査の民族別人口は、現時点でまだ発表されていないため、一九八三年の統計が国勢調査としては最も新しい。

タイ国のモン人口（九万四二二九名）は、四代目タイラーマン協会会長のスエット氏（第一節3参照）が、一九六九年から一九七二年までに独自集計したものである［Bauer 1990: 26］。ただし、モン民族を特定する基準は不明である。近年のタイは公的にモン民族の総人口を列挙していないため、このスエット氏による調査が唯一参考になる。なお、とくにモン人口の多い県は、パトゥムターニー県（二万二三〇名）とサムットサーコーン県（二万〇三二一名）であり、共に県人口の一〇％近くかそれ以上を占める。続いて多いのが、上から、バンコク都およびトンブリー県（一万一七五五名）、ラーチャブリー県（一万五四八〇名）、ノンタブリー県（六七三四名）、ロッブリー県（四三七八名）などであり、モン人口は首都周辺に集中していることが分かる。

（4）本書で取り上げる語彙については、モン語（M.）、タイ語（T.）、ビルマ語（B.）、パーリ語（P.）を略称として用いる。

（5）例えば、ビルマの少数民族カレンは、主な言語だけでもスゴーと東部ポー、西部ポーの三種があり、会話をしても互いに通じないとされている。また、この口語に加え、宗教の違いなどが交差して、キリスト教スゴー・カレン文字、キリスト教ポー・カレン文字、仏教ポー・カレン文字という大きく三つの文字が存在している。さらに、口語はこの三種に留まらず四〇種以上のカレン系言語があるとも言われており、文字も右記の三種以外にも存在するなど、大変複雑な様相を呈している［加藤二〇一一：二六九―二八七］。また、ビルマのタイ系（Tai）少数民族シャンの場合は、大きく四つの言語と、それに対応した四つの文字がある。これらを統一する新シャン文字が完成し、普及に向けて本格的に動き出したのは、ビルマ独立後以降である［村上　二〇〇二］。

（6）このモンの王朝史は『タイ国古典文学名作選』に抄訳が収録されているので、大筋ではあるが日本語でもその魅力を味わうことが出来る［冨田　一九八一］。

（7）パガン史の泰斗アウントゥウィンは、『ラーマンニャは霧の彼方に』にて、ピュー文明を重視する一方、紀元一〇〇〇年紀の下ビルマにモンの政体は存在しないことを証明しようと試みた。この議論に基づけば、一〇五七年のタトン攻略話も後世の創作であり史実ではないことになる［Aung-Thwin 2005］。スタッドナーは、このアウントゥウィンの議論に対し、史料および先行研究の曲解や取捨選択があるとして辛辣に批判している［Stadtner 2011］。なお、このアウントゥウィンの議論の余波はビルマにも及び、二〇一二年末から、政治家も巻き込みつつ、ピュー派とモン派の知識人がそれぞれ読書会を開催するなど、歴史認識問題に発展した。

（8）この想像上の鳥ハンサについて、タイでは首が長いスマートな形、ビルマでは首の短い鴨のような形で表されることが多い。ところで、モン僧院には、頂上にハンサ鳥がとまり、上から幟旗が吊り下げられた柱が見られる。タイ中部では、これがモン僧院を示す特徴であるといわれるが、北タイやビルマなどでは各地で見ることが出来るためモンの目印とはなっていない。タイ語ではこの幟旗を「ムカデ旗」（ธงตะขาบ）、柱を「ハンサ柱」（เสาหงส์）と呼ぶ。一方、モン語の場合、幟旗など縦長で両則に飾りのついた旗一般を「フノー」、そして、筆者の印象では、この柱を「幟旗の柱」という意味の「ハヤイング・フノー」（ဟယိုင်ဖ္ဍဝ်）と呼ぶことが多い。後述するタイの七本村では、この柱に、本物の髪の毛を下に結わえた巨大な幟旗が吊り下げられており、毎年、水かけ祭の際に作り直され、新しいものに取り換えられる。さらに、取り換えの前には、村民が集う僧院の講堂の真ん中に披露されたり、村内を練り歩く水かけ祭の行列にも幟旗が加わったりするなど、旗に重要性が与えられている。

（9）今から三八年前、ビルマ史家のリーバーマンは、この一八世紀の事件について、モンの叛乱や、ビルマの報復といったように、現在のナショナリズムの色眼鏡で見ることに対して警鐘を鳴らした。近代以前の政治原理は、個人的紐帯や、仏教王権の思想、自立的な地方国間の駆け引きであり、必ずしも同じ民族であるから政治同盟が結ばれるわけではなかった。確かに詳しく見ていくと、ペグー叛乱側は多民族から構成されており、ビルマ人の民族感情を鼓舞したとされるアラウンパヤーの軍にも他民族が含まれていたようである［Lieberman 1978］。ところが、その後、リーバーマンは東南アジア大陸部の前近代史をひとまとめに論じるなかで、政治や経済と共に、長期的な文化の変容に注目し、右記の論文とは異なる視点から、一八世紀半ばの混乱を描いている。すなわち、ペグー叛乱側によるビルマ人虐殺や、アラウンパヤー軍によるモン人虐殺、それに、民族的な髪型へのこだわりなど、このときの事件は結果としてビルマとモンの二極化をもたらすものであった。そして、その後、デルタ地帯のモンのビルマ化の背景には、コンバウン朝によるビルマ語の促進や移民政策などの影響があった［Lieberman 2003: 37-44, 187-206］。リーバーマンが、なぜこのような異なる角度から描いたのか、その理由は考察の余地があるが、一つには、前近代に突如として近代が訪れたという前近代と近代の二分法に代えて、近代以前より、段階的な統治制度の発展や、中心から周辺村落へ拡大する文化の均質化の過程などが生じていたことを強調するためではないかと思われる。

（10）七本村は、モン系住民が多くを占める行政村（タンボン）である。本書では、タイ語の村名を訳した「七本村」を仮称として用いることとしたい。筆者は、二〇一二年、他地域と行き来しながらではあったが、七本村に計四か月間ほど滞在し調査する機会を得た。この第一節2は主にそのとき得た情報を基にしている。なお、モン語教育とモン僧伽に関する本書の内容は、タイに約二年間

（二〇〇九年度と二〇一二年度）、ビルマに約一年間（おもに二〇一三年度）、留学したときの調査結果に基づくものである。

(11) 為替レートは、ごく大まかに、一バーツ三円、一〇チャット一円で計算した。以下同。

(12) 日本語で書かれたモンの宗教・文化研究としては、［高橋 一九九一、大島 一九九四、橋本 二〇〇八、ケーティーモン 二〇一二］などを参照。特筆すべきものとして、大島新人という日本人学生によって書かれたタイ語の修士論文があり、これがタイ国内ではモンの家霊信仰に関する先駆的研究となっている［โอชิมา 1993: 111-112］。

(13) モン民族衣装の創出については、当時の雑誌に記事（ビルマ語）が掲載されているため、かなり正確に知ることが出来る。ただし、衣装製作委員会が「家霊の衣装」を参考にしたという点については、刊行年不明のモン語冊子を参照した。同時代のビルマ語記事では、「伝統ナッの衣装」とあり、表現があいまいである。

(14) このカレン州議会議員のうち一名はモン民族担当大臣である。民族担当大臣については本節4を参照。

(15) モン州議会は、州内各郡から二名ずつ、計二〇名が選挙で選ばれる。また、第一次議会（二〇一一年一月～二〇一六年一月）、第二次議会（二〇一六年二月～）ともに、カレン、パオ、ビルマ各自の民族担当大臣を務める議員が計三名、州内から民族毎の代表を決める選挙を通して選ばれている。議会は、この民選議員二三名の他に、八名の国軍議員を合わせた三一名によって構成される。第一次モン州議会は、民族担当大臣の議員三名を含めて、国軍系USDPが一四議席を獲得し、これに国軍議員枠八議席を加えると、国軍系の議員が全体の七割以上を占めた。一方、第二次モン州議会の政党別内訳は、NLD一九議席（カレン、パオ、ビルマ各自の民族担当大臣を務める議員三名を含む）、MNP二議席、AMDP一議席、USDP一議席、および国軍指名枠八議席であり、モン州でもアウンサンスーチー氏率いるNLDが議席の六割以上を占めることになった。

(16) 一九八三年国勢調査の結果によれば、ビルマ総人口（三五三〇万七九一三人）における民族別の人口割合はおよそ次の通りである。すなわち、ビルマ六九・〇%、シャン八・五%、カレン六・二%、ヤカイン四・五%、モン二・四%、チン二・二%、カチン一・四%、カヤー〇・四%、その他土着民族〇・一%、外国系民族およびビルマと外国人の混血五・三%。

(17) 二〇一〇年および二〇一五年選挙では、各州および管区にて、民族担当大臣を務める各民族の代表議員が、次のように選出されている。すなわち、カチン州（ビルマ、シャン、ラワン、リス）、カヤー州（ビルマ）、カレン州（ビルマ、パオ、モン）、モン州（ビルマ、パオ、カレン）、ヤカイン州（チン）、シャン州（ビルマ、カチン＝ジンポー、リス、ラフ、インダー、アカ、カヤン）、チン州（選出なし）、マグウェー管区（チン）、マンダレー管区（シャン）、バゴー管区（カレン）、タニンダーイー管区（カレン）、ヤンゴン管区（カレン、ヤカイン）、エーヤワディー管区（カレン、ヤカイン）、ザガイン管区（チン、シャン）である。詳細は検討の余地があるとして、少なくとも、八大民族および自治区を有す六つの民族以外に、ラフ、インダー、アカ、カヤン、そして、カチンの下位分類とされるラワンやリスといった民族が、公的な枠組みとして機能していることが分かる。なお、自治区をもつ民族は、その自治区が置かれた州・管区に限り、民族担当大臣に就く議員を選出することは出来ない。

(18) 一九八二年の市民権法（国籍法）では、ビルマ独立以前からの居住者といった一定の条件を満たせば、中国系やインド系の住民でも、少なくとも三世代を経て、段階的に、土着民族と変わらない完全な市民権を得ることが可能性である［高谷 二〇〇八：二一四―二四九］。なお、例外として、シャン州に住むコーカンは中国系の人々であるが、土着民族の一つであり、二〇〇八年からは自治区も与えられている。

(19) 日本では、『モン語語彙集』（一九七六年）、そこに多くの例文を加えた『モン語辞典』（一九九四年）、そして、『日本語モン語辞典』（一九九六年）が出版されている（全て、東京外国語大学アジア・アフリカ言語文化研究所発行）。いずれも坂本恭章著による辞書であるが、前者二点は、本文で述べた第一音節の変化に対して、頭からではなく「お尻から引く辞書」としての工夫がなされている。例えば、「猫」は、モン語の口語で「ハゴア」（haʔkùə）、文語で「ペゴア」（[illegible]）であるが、頭の部分が「ハ」と「ペ」と異なるため、坂本辞書では、最後の音節である「ゴ」（k の音）の頁を引く仕組みになっている。なお、この日本語・モン語を含め、現在、モン語・英語、モン語・タイ語、モン語・ビルマ語など様々な辞書があり、全て有用であるが、一方で、全て駆使しても現代モン語を自力で読むには十分ではない。

(20) タイ語では「インドラ神がぶら下げる仏舎利（仏塔）」（พระธาตุอินทร์แขวน）として知られる。乗っているのか、ぶら下がっているのか、モン語とタイ語では異なる眼差しで眺めている。

(21) 本書で扱うモン僧院数は、本書第五節で取り上げる、ビルマのモン僧伽三派各自の雨安居僧籍登録表に基づいたものである。

(22) マッコーミックによる最近の研究では、タイ国プラプラデーンで一九一二年に印刷されたモン語版『ラージャーディラート』について、それがタイ語からの借用語のみならず、モン語語彙の用法に至るまで、タイ語からの影響を広く受けていることを詳しく論じている。これは、当時、タイ国モンの一部が、タイ語とのバイリンガルであったことを示している［McCormick 2010］。

(23) ダルヒーカンマ（P. daḷhīkamma upasampadā）とは、既に出家している僧が、出家式の際に受けた具足戒に満足せずに、さらに具足戒を強めるため、還俗して俗人に戻らぬまま、具足戒を受け直す儀礼のことを指す［橘堂 二〇〇二：三八六（注13）］。

(24) ただし、こうした厳格派や民族派が、一緒に羯磨を行わず、一緒に住まない傾向は、理念的なものであって、厳密には個別の事例ごとに調査をしないと実態は分からない。

(25) この他に、毎布薩日にモン僧が護呪経典をモン式で唱える王室儀礼がタイには残る。

(26) 本節について、資料の出典などを含めた詳細については、和田［二〇一六］の論文を参照のこと。

参考文献

池田正隆訳
　二〇〇七　『ミャンマー上座仏教史――『タータナー・リンガーヤ・サーダン』を読む』京都：法藏館。
伊東利勝編
　二〇一一　『ミャンマー概説』東京：めこん。
石井米雄
　一九七五　『上座部仏教の政治社会学』東京：創文社。
石井米雄・桜井由躬雄編
　一九九九　『東南アジア史Ⅰ』東京：山川出版社。
大島新人
　一九九四　「モン帝国の末裔たち――モン族」小野澤正喜編『アジア読本　タイ』東京：河出書房新社。
加藤昌彦
　二〇一一　「第三章　カレン世界、第二節　言語・文学・歌謡」伊東利勝編『ミャンマー概説』東京：めこん。
橘堂正弘
　二〇〇二　『現代スリランカの上座仏教教団――アマラプラ派とラーマンニャ派の存在形態の研究』東京：山喜房佛書林。
河野六郎・千野栄一・西田龍雄編著
　二〇〇一　『言語学大辞典　別巻　世界文字辞典』東京：三省堂。
ケーティーモン
　二〇一一　「第二章　モン世界」伊東利勝編『ミャンマー概説』東京：めこん。
斎藤紋子
　二〇〇七　「ビルマにおけるムスリム住民に対する見えざる「政策」――国民登録証にまつわる問題」『言語・地域文化研究』第一三号、東京：東京外国語大学大学院。
高谷紀夫
　一九九七　「シャン人の世界から――民族問題」田村克己・根本敬編『アジア読本　ビルマ』東京：河出書房新社。
高橋美和
　二〇〇八　『ビルマの民族表象――文化人類学の視座から』京都：法藏館。

一九九一 「タイ、モン（Mon）族にみる民族文化維持のメカニズム——上座部仏教社会における仏教徒マイノリティー」『族』第一六号、つくば市：筑波大学歴史人類学系民族学研究室。
冨田竹二郎編訳
一九八一 「ラーチャーティラート」『タイ国古典文学名作選』東京：井村文化事業社。
中島和子
二〇〇一 『バイリンガル教育の方法——一二歳までに親と教師ができること』東京：アルク。
根本 敬
二〇一四 『物語 ビルマの歴史』東京：中央公論新社。
野津隆志
二〇一〇 「タイにおける外国人児童の学校不就学の要因——サムットサーコーン県におけるミャンマー系児童の事例より」『年報タイ研究』第一〇号、日本タイ学会。
橋本（関）泰子
二〇〇八 「タイ・モーン族における精霊信仰とエスニック・アイデンティティ」『社会学研究科紀要』第八号、四国学院大学大学院社会学研究科委員会。
牧野勇人
二〇〇一 「第二章 東南アジア諸国の民族と教育、第七節 ミャンマー——ビルマ化政策と少数民族教育」村田翼夫編『東南アジア諸国の国民統合と教育——多民族社会における葛藤』東京：東信堂。
村上忠良
二〇〇二 「シャンの文字文化と民族意識の形成——ミャンマーとタイにおけるシャン文字文化の比較研究」『歴史人類』第三〇号、筑波大学歴史・人類学系。
村田翼夫
二〇〇七 『タイにおける教育発展——国民統合・文化・教育協力』東京：東信堂。
村田翼夫編
二〇〇一 『東南アジア諸国の国民統合と教育——多民族社会における葛藤』東京：東信堂。
和田理寛
二〇一六 「一九八〇年代以降のミャンマーにおけるモン派僧伽の展開——教学と俗語をめぐる出家者の汎民族主義運動」『東南ア

ジア——歴史と文化』第四六号。

Aung-Thwin, Michael

2005 *The Mists of Rāmañña: The Legend that was Lower Burma.* Honolulu: University of Hawai'i Press.

Bauer, Christian

1990 "Language and Ethnicity: The Mon in Burma and Thailand." In Gehan Wijeyewardene (ed.), *Ethnic Groups across National Boundaries in Mainland Southeast Asia.* pp.14-47. Singapore: Institute of Southeast Asian Studies.

Diffloth, Gerard

1984 *The Dvaravati Old Mon Language and Nyah Kur.* Bangkok: Chulalongkorn University Printing House.

Halliday, Robert (Bauer, Christian edited and with a Forward and a Bibliography)

2000a (1917) *The Mons of Burma and Thailand: Volume 1. The Talaings.* Bangkok: White Lotus.

Halliday, Robert (Bauer, Christian edited and with a Forward and Photographs)

2000b (1914-1930) *The Mons of Burma and Thailand: Volume 2. Articles.* Bangkok: White Lotus.

Keyes, Charles

1971 "Buddhism and National Integration in Thailand." *The Journal of Asian Studies* 30(3), p.551-567.

Kyaw Yin Hlaing

2007 "The Politics of Language Policy in Myanmar: Imagining Togetherness, Practising Difference?" In Lee Hock Guan & Leo Suryadinata (eds.), *Language, Nation, and Development in Southeast Asia,* pp.150-180. Singapore: Institute of Southeast Asian Studies.

Lall, Marie & South, Ashley

2014 "Comparing Models of Non-state Ethnic Education in Myanmar: The Mon and Karen National Education Regimes. "*Journal of Contemporary Asia* 44(2), pp.298-321.

Lieberman, Victor

1978 "Ethnic Politics in Eighteenth-Century Burma." *Modern Asian Studies* 12(3), pp. 455-482.

2003 *Strange Parallels: Southeast Asia in Global Context, c. 800-1830. Volume I: Integration on the Mainland.* New York: Cambridge University Press.

McCormick, Patrick

2010 "Mon Histories: Between Translation and Retelling." Ph.D. Thesis, University of Washington.

Reynolds, Craig

1972 "The Buddhist Monkhood in Nineteenth Century Thailand." PhD. Thesis, Cornell University.

Shorto, H. L.

1962 *A Dictionary of Modern Spoken Mon.* London: Oxford University Press.

South, Ashley

2003 *Mon Nationalism and Civil War in Burma: The Golden Sheldrake.* London and New York: Routledge.

Stadtner, Donald

2011 "Demystifying Mists: The Case for the Mon." Patrick McCormick, Mathias Jenny, and Chris Baker (ed.), *The Mon over Two Millennia: Monuments, Manuscripts, Movements.* Bangkok: Institute of Asian Studies, Chulalongkorn University.

UNDP（国連開発計画）

2015 "Mapping the State of Local Governance in Myanmar: Background and Methodology." 〈http://www.mm.undp.org/content/dam/myanmar/docs/Publications/PovRedu/Local%20Governance%20Mapping/UNDP_MM_%20Local_Governance_Mapping_in_Myanmar_Background_and_Methodology.pdf〉（アクセス：二〇一六年三月二五日）。

Van Roy, Edward

2010 "Safe Haven: Mon Refugees at the Capitals of Siam." *Journal of the Siam Society* 98, pp.151-184.

บุญช่วย (พระครูปลัดสัมพิพัฑฒญาณาจารย์)（ブンチュワイ）

1979 *คณะสงฆ์รามัญในประเทศไทย.*（『タイ国のラーマン僧伽』）กรุงเทพฯ: พระเทพโมลี, วัดมกุฏกษัตริยาราม.

บุษบา ประภาสพงศ์ และคณะ = Bussaba Prapasapong and associates

1998 "การสำรวจวรรณกรรมมอญในภาคกลางของประเทศไทย = A Survey of Mon Literature in Central Thailand." no place: no publisher.

เมธาธิบดี, พระยา (รวบรวมโดยรับสั่งสมเดจพระมหาสมณะ)（メーターティボディー、プラヤー　僧伽王の命による集成）

1914/1915 *แถลงการณ์คณะสงฆ์*, เล่ม 2（『僧伽機関誌』第二巻）

สุจริตลักษณ์ ดีผดุง, วิจิตร เกิดวิสิษฐ์, อรรถจินดา ดีผดุง, และ สุเอ็ด คชเสนี（スチャリットラック・ディーパドゥン、ウィチット・クートウィシット、アッタチンダー・ディーパドゥン、スエット・コッチャセーニー）

1995 *มอญ: บทบาทด้านสังคม วัฒนธรรม ความเป็นมา และความเปลี่ยนแปลงในรอบ 200 ปี ของกรุงรัตนโกสินทร์.* (『モン——ラタナコーシン［バンコク］都二〇〇年間における社会的、文化的役割、来歴、そして変化』) นครปฐม: สถาบันวิจัยภาษาและวัฒนธรรมเพื่อพัฒนาชนบท, มหาวิทยาลัยมหิดล.

โอชิมา, อะระฮิโต（大島新人）
1993 "ชีวิต พิธีกรรมและเอกลักษณ์ทางชาติพันธุ์ของคนมอญในเมืองไทย: กรณีศึกษาในเขตอำเภอบ้านโป่ง จังหวัดราชบุรี." (「タイ国モン人の生活、儀礼、エスニック・アイデンティティ——ラーチャブリー県バーンポーン郡の事例研究」) M.A. Thesis, Thammasat University.

ဗညားအောင်မိုး（ビンニャーアウンモー）
1971-1972 "မွန်အမျိုးသားဝတ်စုံ." (「モン民族衣装」) တက္ကသိုလ် မွန်မဂ္ဂဇင်း (『大学、モン・マガジン』)。pp. 27-43.

あとがき

最近の若い連中は根性がなくてフィールドワーク（現地調査）をしっかりこなせない。そんな話をどこかで聞いたとき自分には関係のないことと思っていた。ところが実際に村で生活を始めてみると調査はちっともうまく進まなかった。ハナタレ小僧は私であった。タイでは僧院にきれいな個室をあてがわれ親切にしていただいたが、境内から眺める村人の日常生活は随分遠い世界に思えた。モン語を教えてくれる人も見つからず、調査協力者も増えないまま焦りだけが募っていった。そんななか一か八かで申請中だったビルマ留学の許可がおりた。モンの本拠地といえばやはりビルマである。これが運命の分かれ目であった。日本とタイしか知らない私にとって留学先のヤンゴンは何もかも新鮮で刺激に満ちていた。病気のせいで出国もしたがそれも小さな問題に感じた。ただモン村はヤンゴンからまだ遥か向こうにあった。そんなとき一人の僧侶がやってきた。私がタイの村で鬱屈した日々を送っていたとき、近隣村の僧院で出会ったビルマ出身の僧である。この方の善意で初めてモン村を訪問することができた。村で味わう田舎の手料理がどんなに美味かったことか。そしてこれまでの文献ではほとんど言及されてこなかったモンの民族宗派や夏期講習がそこにあった。本書を書き上げることができたのは、この仏教僧をはじめ、タイとビルマにて数え切れないくらいたくさんの方々が、この腰抜け調査者に温かい手を差し伸べてくれたおかげである。いや、調査者というより、一人の友人として接してくれたことが本当に嬉しかった。

この二年間の現地調査は松下幸之助国際スカラシップの奨学金によって可能になった。また、帰国後二年間の研究は日本学術振興会の助成（DC2）を受けた。大学では現在の指導教官である速水洋子先生、修士課程在学時の指導教官である村上忠良先生のお二人をはじめ、多くの先生方や先輩後輩の方々にご指導ご助言いただいた。また、松下幸之助記念財団と風響社石井社長からは本書出版の貴重な機会を賜った。石井社長には他にもタイ文字やモン文字の印刷という手間のかかる試みにご尽力いただいた。本書草稿には、松下幸之助国際スカラシップ元奨学生の方々、速水洋子先生、ビルマ研究の先輩である長田紀之氏や石川和雅氏に目を通してもらい大変有益なご意見をいただいた。さらに両親と祖父母、そして妻子からは、不安定な生活やそれに振り回されることを（少なくとも現段階では！）理解してもらった。こうした支援が１つでも欠けては本書が今の形で世に出ることはなかった。この場を借りて心から感謝申し上げる。

著者紹介

和田理寛（わだ　みちひろ）

1984年生まれ、長野県伊那市育ち。

現在、京都大学アジア・アフリカ地域研究研究科東南アジア地域研究専攻博士課程在学。

主な論文に、「タイの人口センサスにおける民族概念と民族範疇の変遷——タイ民族の人口比拡大と、近年の世帯内言語調査による多様な民族の名づけ」（『年報タイ研究』9号）、「1980年代以降のミャンマーにおけるモン派僧伽の展開——教学と俗語をめぐる出家者の汎民族主義運動」（『東南アジア——歴史と文化』46号）がある。

民族共存の制度化へ、少数言語の挑戦

タイとビルマにおける平地民モンの言語教育運動とそれを支える仏教僧

2016年10月15日　印刷
2016年10月25日　発行

著　者　和田　理寛

発行者　石井　雅

発行所　株式会社　風響社

東京都北区田端 4-14-9（〒114-0014）
TEL 03（3828）9249　振替 00110-0-553554
印刷　モリモト印刷

ISBN987-4-89489-787-8　C0039